C000067084

CONTENIDO

PROLOGO

Cuando tenía ocho años, mi padre me inscribió en un colegio militar solo para hombres, así que mi capacidad de aprender a interactuar con el sexo opuesto era limitada, por no decir nula. Ya a mis 16 años, mis relaciones amorosas se limitaban a las historias que me contaban mis amigos y los libros de superación que encontraba en la biblioteca. Cuando entré a la universidad a mis 18 años, no tenía ni idea de cómo iniciar una relación. Tenía amigas, pero ninguna me veía como un novio potencial. Todas me veían como un niño.

En ese tiempo, tuve la oportunidad de viajar a los Estados Unidos para continuar mis estudios así que a mis 19, viaje y empecé a estudiar inglés por otros dos años. Finalmente, entré a la universidad a los 23. En fin, terminé la universidad a mis 26 años, sin haber tenido una sola relación amorosa. Había tenido infinidad de amigas, pero ninguna me veía como material amoroso duradero. Ninguna me veía como un macho alfa capaz de protegerlas y/o formar una familia. Todas me veían como un "niño".

Mis valores personales me decían: "las apariencias no importan", "lo de adentro es lo que vale", "ya llegará alguien a tu vida que sepa valorar al niño que llevas dentro". Pero, era muy joven para darme cuenta que esas verdades, eran verdades a medias... el mundo no funciona así... no es tan simple.

Tenía 27 años cuando conocí a la que sería mi esposa (la niña). Así que, "el niño" de este libro, en realidad tiene 27 años de edad.

CÓMO LEER ESTE LIBRO.

"El niño y el caballero", es una historia de amor que describe lo que pasa en la mente de dos personas imperfectas y completamente opuestas, desde el noviazgo hasta muchos años después del matrimonio. Los personajes de este cuento son: niños, caballeros, bufones, princesas y dragones. Pero no se engañen, esta no es una historia para niños. Lo que voy a contar no es un cuento, sino una parábola donde los protagonistas representan rasgos en la personalidad del ser humano.

El niño se refiere a esa inocencia que muchos aún llevamos dentro (ese niño interior). Los títulos de "rey" o "reina", denotan estados de poder. Los personajes de "caballero", "bufón" y "dragón" representan los rasgos más cerebrales y pensantes. Los "sirvientes" representan habilidades. Los cuartos representan intereses. La "cabaña", el "castillo" y la "fortaleza" representan fuerza de carácter y su fortalecimiento a través del tiempo. Finalmente, el tesoro del dragón representa sabiduría y experiencia.

Este libro está dedicado a todas esas personas que aún guardan su niño interior; de antemano los felicito. En un mundo tan duro y difícil como el nuestro, es muy difícil envejecer sin perder la capacidad de soñar.

Finalmente, si desean saber el secreto de la felicidad dentro de la relación de pareja, pueden saltar a las últimas páginas y lo encontrarán. Este es mi regalo. Descubrirán un secreto que a mí me tomó mucho, pero muchos años descubrir.

PRIMERA PARTE

Si llegas a la meta final, pero pierdes tu esencia en el camino,
¿Valió la pena?

Capítulo 1 – El niño y el caballero.

Antes tenía la idea que dentro de mí, existía una cabaña en la que vivía un niño que se la pasaba jugando todo el tiempo. Este niño disfrutaba mucho de ver las flores y contemplar el cielo; nunca dejaba de sonreír. Junto a él, vivía un guardián que lo protegía. Era un caballero como de las cruzadas, con una gran espada y una pesada armadura. Viejo... viejo pero muy experimentado. Cuando venían tormentas, el caballero cerraba las puertas de la cabaña fuertemente para proteger al niño con todo su poder.

A pesar del amor que el caballero tenía por el niño, nunca jugaba con él, así que el niño se sentía muy solo y se aburría mucho. A veces, otros niños y niñas querían venir a jugar, pero el caballero les hacía pruebas muy difíciles: 1) tenían que ser incapaces de mentir, 2) tenían que valorar los sentimientos, 3) tenían que estar dispuestos a vivir, 4) tenían que ser inteligentes y 5) tenían que ser buenos en algún oficio, sin importar cuán simple o insignificante fuera. De más está decir, que muy pocos pasaban estas pruebas, así que el niño casi siempre jugaba solo.

Un día, llegó una niña que reunía todas estas características en gran medida, así que el guardián la dejó pasar de inmediato. El niño quedó fascinado, tanto que se enamoró profundamente con ella y de pronto ya no quería jugar con nadie más.

Pero, pese a los lindos momentos que pasaron juntos, ella tendría que irse porque estaba acostumbrada a jugar con otros niños. Ella nunca hirió al niño a propósito, pero su partida le destrozó el corazón.

Cuando el niño quiso salir a buscarla el guardián se lo impidió, porque no era seguro salir a aventurarse solo por el mundo.

— ¡AHHH!, —grito el niño— tus cuidados sólo me han traído soledad. Si de dolor he de morir..., prefiero morir acompañado.

— No sabes lo que estás diciendo —dijo el caballero—, si te aventuras al mundo exterior, perderás tu inocencia.

— ¿Para qué quiero inocencia si no tengo con quien compartirla? — contestó el niño.

El guardián finalmente se apartó de su camino y lo dejo pasar.

—✱✱✱—

Cuando el niño encontró a la niña, ella le preguntó:

— ¿Dónde está tu Guardián?

Él niño le contó lo que le había pasado y luego se produjo un largo silencio. No lo sabía aún, pero las siguientes palabras que escucharía, le destrozarían el corazón por completo.

— Yo, a veces juego con niños como tú —dijo la niña—, pero yo nunca me quedo con ellos. Porque lo que yo estoy buscando es un guardián. Un guardián que se quede conmigo.

—***—

Al siguiente día el niño volvió a la cabaña... ya sin inocencia. El caballero por su parte, lo observó serio y sin emociones. Tomó la espada, se la echo a sus pies y dijo:

— Si te quieres aventurar solo por el mundo, es hora que aprendas a usar la espada. Hoy empieza tu entrenamiento.

Capítulo 2 —La niña y la armadura

Pasaron muchos años desde que el niño empuñó la espada por primera vez. Toda su experiencia lo había convertido en un joven fuerte y valiente.

Entrenó con el viejo caballero, hasta lograr aprender todas sus habilidades y tácticas de guerra. Aprendió a leer las intenciones de las personas. También aprendió a juzgar a las personas por lo que eran y no por lo que deseaba que fueren.

El entrenamiento del joven fue duro, fue largo y lleno de soledad, pero a pesar de todo el sufrimiento y tiempo transcurrido, nunca pudo olvidar a aquella niña que alguna vez logró pasar todas las pruebas del viejo caballero para finalmente jugar con él. El joven nunca había perdido la esperanza de volver a encontrarse con la niña, o al menos encontrarse con alguien que pudiera pasar las pruebas y hacerle compañía. Al fin y al cabo, el objetivo de su entrenamiento era proteger..., a la niña (si la encontraba) y proteger al niño que aún llevaba dentro..., niño que él nunca dejo desaparecer.

Pasaron algunos años más y el joven se había convertido ya en un adulto. Su armadura brillaba como la luz del alba y sus hazañas eran reconocidas en muchos reinos. Su mente se agudizó al punto de incluso poder luchar contra dragones. Pero, a pesar de su fama y su renombre, no lograba encontrar a esa niña que alguna vez logró arrebatarle su inocencia. Pasaba el tiempo y la soledad cada vez lo ponía más y más triste. Tan triste, que de pronto ya nada lo hacía feliz. Poco a poco se fue convirtiendo en un soldado frío e indolente. Sus movimientos de espada se empezaron a hacer más bruscos y toscos. Después, sin que se diera cuenta, su armadura empezó a oxidarse. Los meses se hicieron años y la soledad lo terminó carcomiendo por dentro hasta oxidarlo por completo.

Un día, después de tantas batallas y de lidiar con tanta gente de mal corazón... después de encontrar a tantas damas avariciosas, mezquinas y orgullosas... un día después de tanto y tanto buscar a su amada, el caballero finalmente colapsó. Ese día se cansó de esperar y cayó de rodillas. Empuñando su espada, decidido a dejar de luchar.

Sin una ilusión que perseguir, su armadura terminó por convertirse en una pila de óxido inamovible e impenetrable. Ese día, el niño que aún llevaba dentro, empezó a morir. Viendo que su niño interior moría.

El caballero no pudo más que llorar amargamente y orar.

—***—

Una tarde después de mucho tiempo, pasó una niña curiosa que se detuvo ante la armadura oxidada. Cuando observó el casco, pudo notar que sus ojos brillaban. Quiso saber qué había dentro, así que empezó a palpar alrededor en busca de hendiduras. Al poco tiempo, encontró unas cuantas presillas. Cuando las abrió, el casco cayó al suelo. Por sobre del torso, aparecieron muchos papeles escritos y cuestionarios, como si hubieran sido extraídos de alguna biblioteca desordenada.

Debajo de todos esos documentos y dentro del torso de la armadura pudo ver una luz aún más brillante, así que se dispuso a sacar los pergaminos uno por uno, con la esperanza de poder ver la fuente de aquella luz. No lo sabía aún, pero los pergaminos que estaba sacando eran las mismas pruebas que los niños tenían que pasar para poder jugar con el niño en la cabaña.

Después de pasar todas las pruebas y contestar todas las preguntas, la niña aún no podía distinguir de dónde provenía la luz. Quiso abrir el torso, pero este estaba totalmente sellado. Su curiosidad no terminó ahí, así que siguió buscando más hendiduras por un rato. Lo siguiente que pudo soltar fueron los brazos. Cuando estos cayeron al piso, se desprendieron caricias, ternuras y un sentimiento de protección. Esto la hizo sentir muy feliz.

Intrigada por la curiosidad quiso desatar el torso, pero por más que lo intentó no pudo. Fijó su mirada en las piernas, donde encontró muchas cerraduras pequeñas. Al abrirlas, cada una hablaba y contaba una historia diferente. Cada historia, era una batalla ganada por el caballero y cada historia era más fantástica que la anterior. La niña estaba emocionada por todas aquellas aventuras.

Pero su curiosidad no terminó ahí, quiso saber más. Le intrigaba mucho aquella luz dentro de la armadura y estaba decidida a no irse hasta descubrir que era. Examinó el torso detenidamente y se percató que no tenía presillas, ni candados ni cerraduras. El torso estaba completamente sellado. Lo único que tenía de particular, era una cavidad en su parte frontal, en forma de corazón. Al parecer, algo había llenado ese espacio mucho tiempo atrás, pero ahora estaba vacío. La hendidura llevaba engravada una sola palabra.

"INOCENCIA"

Después de examinar el espacio vacío, sintió un poco de tristeza y miró su propio pecho por un instante. En él, pudo ver reflejada esta misma palabra "INOCENCIA". Echó una mirada a su alrededor para cerciorarse de que nadie la observaba, pues lo que pensaba hacer era muy arriesgado. Despacio, sostuvo su corazón entre sus manos y lo colocó cuidadosamente en la armadura oxidada. ¡Crack! La armadura se cuarteo sobre sus cuatro ángulos y aparecieron unas palabras escritas sobre el metal. Entonces, muy despacio, leyó estas palabras en voz alta.

"QUIERO QUE ME DIGAS TODO LO QUE SIENTES, SÉ QUE LO VAS A LOGRAR"

En aquel instante, el torso se resquebrajó y muchos trozos de óxido cayeron al piso. La luz que emanaba dentro, empezó a brillar más y más, hasta iluminarlo todo y finalmente apareció un niño; tan puro e inocente como la primera vez que fue niño. A su lado, también apareció un fuerte caballero de brillante armadura, mucho más fuerte y feliz que el anterior. El niño no podía contener su alegría, ya que podría volver a jugar una vez más.

Cuando el caballero los vio jugar juntos, él sintió muchísima paz y pudo también recordó el propósito de su existencia. Se dio la vuelta, empuño su espada y se puso a vigilar el área.

Los niños jugaron alegres por mucho tiempo, como si no existiera el tiempo. Como si el pasado quedase atrás y el mañana no importara. Como solo pueden jugar los niños inocentes.

— No se te ocurra dejarme —dijo el niño a su amada, a lo que ella sonrió y asintió con la cabeza.

Capítulo 3 —El castillo

Por fin el niño había encontrado a su princesa. Nunca más volvería a estar solo.

Por fin el guardián había encontrado a quien proteger, así que tampoco se volvería a oxidar su armadura.

Lleno de ilusiones y con la alegría en lo más alto, el niño se ilusionó fácilmente con la sabiduría, inteligencia y belleza de la niña. Después de todo, ella le devolvió algo que casi muere buscando… "SU INOCENCIA".

— Mira, te quiero enseñar algo—le dijo el niño a la niña—. Este castillo que ves… lo hice yo. Me tomó muchos años construirlo, pero lo hice pensando en ti, aún mucho antes de conocerte. Te lo quiero enseñar.

¿Te gusta leer?... espero que sí.

El niño agarró la mano de su amada y empezó a recorrerlo. La primera habitación estaba llena de papeles y muchos libros.

La segunda habitación estaba llena de artefactos curiosos, juegos mentales y artículos antiguos.

— Estos artefactos los he estado coleccionando durante todos mis viajes. —dijo él.

La tercera habitación tenía una guitarra con unas cuantas partituras.

— Esta habitación aún no la he terminado... vamos a la siguiente.

La cuarta habitación tenía una gran pantalla y estantes llenos con películas.

— Si te gusta ver películas, este es el sitio ideal.

La quinta habitación tenía un taburete con muchos lápices de colores, lienzos para pintar y una gran ventana.

— Aquí fue donde aprendí a dibujar y pintar.

En la sexta habitación había una cocina grande y muchos platillos deliciosos provenientes de todas partes del mundo.

— ¿Tienes hambre?, aquí hay un Chef que nos puede preparar los platos más exóticos. Mientras más exóticos mejor para mí, me gusta muchísimo probar cosas nuevas.

Después de mucho comer, salieron al jardín para disfrutar un poco del sol.

La parte de enfrente del castillo parecía un parque de diversiones. Más adelante, una piscina, un jacuzzi y un masajista con sus aceites y fragancias. Junto a él, un aprendiz de cantinero dispuesto a hacer lo que se le pida.

Cuando cayó la noche, vino el chef y les preparo un asado. Esa noche, la niña pudo ver el tesoro que había descubierto al desatar los candados de la armadura.

El niño y la niña vivieron muy felices en el castillo, por mucho tiempo. Tenía muchísimas habitaciones así que era fácil encontrar pasatiempos y juegos que les gusten a los dos.

Pero, había una habitación en la que la niña no podía entrar. A pesar de lo bien que se llevaban, no todo era alegría. Había juegos que a él le gustaban mucho, pero a ella no; y eran más que unos cuantos; a decir verdad, eran bastantes.

El niño amaba a la niña demasiado así que siempre se sacrificaba por ella. Tanto se sacrificaba, que llegó a un punto donde solo se jugaba lo que a ella le gustaba; al fin, él prefería cualquier cosa antes que jugar solo o dejar de verla sonreír. Esto hizo que muchos de los cuartos se llenaran de polvo. ¿Qué es lo peor que podía pasar?, pensaba el niño para sí.

Algún tiempo después, la niña se aburrió de los mismos juegos y empezó a criticarlos de imperfectos. El niño no conocía el concepto de perfección o imperfección, ya que aceptaba el universo como era; lo vivía y lo disfrutaba como tal. Al poco tiempo de iniciadas las críticas, empezaron las comparaciones.

— ¿Cómo crees que fui capaz de adquirir el conocimiento necesario para abrir todos los candados de tu armadura? —dijo la niña— Yo he pasado por muchos castillos antes de encontrarte. Justo hoy me llegaron invitaciones de otros reinos. ¿Sabes?, yo he pasado muchos lindos momentos contigo, pero ya no me siento feliz. Estoy cansada de jugar los mimos juegos y de ver las mismas habitaciones. Este castillo ya no irradia luz como antes.

El niño se sentía destrozado. La niña no sabía de los años que le había costado al niño construir su castillo, tampoco sabía de los años de soledad que paso esperándola, para que un día ella decidiera irse en medio de quejas y reproches.

La niña tampoco sabía, que la razón por la que el castillo había perdido su brillo y la mitad de los cuartos estuvieran descuidados, era ella misma. El gran amor que el niño sentía por ella había hecho que el castillo empiece a caerse y, por si fuera poco, ahora lo estaban abandonando. Ella nunca pensó luchar por él, simplemente se fue.

Aquella noche el niño fue a visitar al caballero para pedir consejos y llorar amargamente.

— Necesito tu ayuda—, dijo el niño entre sollozos. —Ya no sé cómo hacerla feliz. Siento que ella es miserable a mi lado y eso me hace miserable a mí también.

— Cálmese príncipe, primero desahogue todo su dolor y después escúcheme.

El caballero lo abrazó y esperó a que se calmara un poco.

— Piénselo detenidamente —continuó el caballero—, la niña ya era feliz antes de conocerlo, ¿cierto?

— Cierto —asintió el niño.

— Déjela ir, que ella no encontrará nunca un castillo igual al suyo. No se preocupe. Ella sabe dónde encontrarlo y yo no la perderé de vista por muy lejos que fuese. Le garantizo que ella volverá.

El niño no pudo contener el llanto esa noche, pero a pesar de todo, siguió los consejos del sabio caballero así que trató de ocupar su mente en otras cosas.

Finalmente, no le resultó tan difícil pues tenía un castillo que desempolvar y reparar. Para su suerte, los días no serían tan largos. Tal como había predicho el caballero, la niña volvió al poco tiempo, mucho antes de poder siquiera arreglarlo todo.

—***—

Cuando la niña volvió a las puertas del castillo, se encontró directamente con el caballero:

— ¿Puedo pasar? —preguntó la niña.

— ¡Sí! —respondió el caballero— Caro que puedes pasar. Puedes entrar a todas las habitaciones. También puedes jugar con el niño todo lo que quieras, pero hay una condición... de hoy en adelante ya no te puedes quedar en el castillo. Cuando termines de jugar con el niño deberás irte, de lo contrario el castillo perderá su independencia, identidad y resplandor. Tú no quieres un castillo que no brille, ¿verdad?

— No señor.

—***—

Los niños jugaron toda la mañana y toda la tarde, pero al caer la noche, el niño recordó las advertencias del caballero, así que se despidió de la niña y la dejo ir.

Finalmente, cuando terminó la velada, el caballero se acercó al niño una vez más.

— ¿Cómo te sientes? —preguntó.

— Bien... creo... —dijo el niño— Estoy un poco triste porque la niña ya no se puede quedar, pero por otro lado estoy consciente que es lo mejor para ella, lo mejor para mí y lo mejor para el castillo. También estoy consciente que éste sistema hará que los momentos que sí pasemos juntos sean mucho más mágicos, pues los esperaremos con más ansias.

Luego de esto, el caballero sacó una corona y se la ofreció al niño.

— Mi príncipe, hoy lo coronó mi rey. El día de hoy dejó de ser su guardián y me convierto en su sirviente. Porque hoy sé, que bajo su mandato mi armadura nunca se oxidará y el castillo tampoco se destruirá.

Capítulo 4 —Táctica y estrategia

— ¡LARGA VIDA AL REY!, Se escuchaban los gritos por todo el reino. Todos estaban felices, pues era el día de la coronación oficial.

Habían pasado varios meses desde el regreso de la niña al castillo y, desde entonces, ellos jugaban todos los días; desde el atardecer hasta altas horas de la noche. Cuando los juegos finalmente terminaban, el niño la acompañaba hasta su casa para dejarla tranquila, acostada y durmiendo. Mucho tiempo pasó de esa manera.

Durante las mañanas, el niño y el caballero gastaban su tiempo arreglando el castillo y decretando leyes para todo el reino. Luego de terminada la tarde, llegaba la niña para jugar. Sin importar lo cansado o cansada que estuvieren, ellos siempre estaban dispuestos a entregarse uno por el otro, dando lo mejor de sí mismos. El castillo se volvía más resplandeciente cada día. Además, como el niño ahora disponía de más tiempo por las mañanas, se había dado a la tarea de crear nuevas habitaciones. Para el entretenimiento de ambos. Por ejemplo: se creó un cuarto para la degustación de vinos, otro para armar rompecabezas y otro para masajes.

En esos días, el jardín también se llenó de flores y la biblioteca empezó a ofrecer libros de cuentos. El chef, por su parte, cambió su menú de comida rápida por uno más saludable y delicado.

La niña y el Rey tenían como pasatiempo favorito ir al pueblo a comprar mármoles y piedras, para adornar el castillo. También compraban ingredientes diversos para dárselos al chef y por supuesto…, vino.

El día de la coronación todo el pueblo asistió al evento con regalos. Incluso la familia del niño llego de muy lejos para felicitarlo. Su padre le regalo un carruaje negro con hermosos caballos. Su hermano le dio una caja mágica que cantaba por las mañanas y le organizaba todas sus tareas. El caballero le dio una máquina de ejercicios para que el niño se pueda mantener en forma siempre. Y la niña, por supuesto, le dio un hermoso traje digno de un rey.

El traje estaba adornado con las escenas de los momentos felices que disfrutaron juntos. Aquella vestimenta irradiaba alegría, amor y fuerza. Era un traje digno de un rey.

— ¡LARGA VIDA AL REY! —Se escuchaban los gritos de júbilo.

Cuando la coronación terminó, el castillo podía verse grande y majestuoso desde las plazas del pueblo, fue un día memorable en verdad.

— *** —

El rey era muy querido y todos lo amaban. La niña también lo respetaba mucho, aunque el trato no era el mismo para con los demás. Muchas veces se podía ver a la niña siendo grosera con los sirvientes. Esta situación le disgustaba mucho al rey pues, en su juventud, él también había sido sirviente de su padre. Ser sirviente le había enseñado a ser amable con todos y no temer al trabajo. Ser sirviente fue una situación dura y de poco poder que le enseñó humildad.

Conforme los meses pasaban el rey conocía más y más a la niña, pero conforme la iba conociendo, sus diferencias se volvían más y más notorias. Por ejemplo: el carácter de la niña era muy voluble. Muy poco era necesario para que ella se irritara y enojara por horas. Muchas veces ella pasaba días o semanas con un amargo resentimiento guardado en su corazón. Siempre que esto pasaba, el rey realizaba su mejor esfuerzo para asumir cualquier culpa y tranquilizarla. Sin embargo, era inevitable que toda esta ira tarde o temprano terminará por lastimarlo a él. En consecuencia, el rey empezó a ser mucho más cauteloso. Empezó a escoger sus palabras cuidadosamente antes de pronunciarlas. Eventualmente, y sin darse cuenta, terminó por esconder gran parte de su personalidad, por miedo a ser criticado. Finalmente, terminó escondiendo su esencia.

Una noche, luego de dejar a la niña en su casa, el rey se puso a analizar lo que le pasaba y pensó detenidamente en la posible causa del temperamento de la niña pero, luego de un rato de reflexionar, se dijo a sí mismo: "a mí no me corresponde analizarla ni mucho menos juzgarla, mi deber simplemente es amarla tal y como es. Después de todo, más es lo que nos une, que lo que nos separa".

Conforme los días pasaban, la niña se dio cuenta que, por mucho que se enoje, el niño la seguiría a cualquier parte. Dado que el amor del niño era incondicional, así que no sintió más la necesidad de medir sus palabras o dar lo mejor de sí. Al poco tiempo, dejó de medir sus palabras y le perdió el respeto.

Más de una vez el caballero tuvo que intervenir con su escudo para desviar algún comentario hiriente o crítica dolorosa. Conforme pasaban los días, este tipo de intervenciones inesperadas se hacían más y más frecuentes. Inevitablemente, el caballero ya no podía dejarlos jugar solos.

Una noche, después de dejar a la niña en su casa, el caballero se le acercó al rey y lo invitó a conversar. La habitación del caballero estaba llena de escudos y trofeos. En medio del cuarto se encontraba una mesa grande de madera con dos tazas de té.

— Mi honorable rey, —dijo el caballero— tengo que hablar con usted acerca de la niña. Yo sé que la ama y todo, pero las acciones de la niña están empezando a afectar su reino y a mí también… y… aunque usted no se dé cuenta, las acciones de ella también lo afectan a usted. En primer lugar, a los súbditos del castillo les gustaría una reina amorosa y amable. A mí personalmente, me gustaría estar más tranquilo mientras ustedes dos juegan; y no tener que preocuparme de su salud física o espiritual. Además, ahora he notado que usted está más callado y cauteloso al momento de jugar. Mi rey, yo quiero que usted esté bien. Extraño al niño alegre y espontáneo que creaba habitaciones todo el tiempo.

— Quizás tengas razón —contestó el niño— Si bien es cierto que me afectan las actitudes de la niña, no pensé que serían lo suficientemente graves como para cambiar la manera en la que estamos viviendo.

Si lo piensas por un momento... el castillo está hermoso y aunque tu armadura empiece a abollarse por los golpes, ésta jamás se oxidará. Al fin y al cabo, los escudos fueron hechos para resistir los golpes.

— Mi rey, yo puedo ser quebrantado por mil ejércitos, pero está mal que lo tenga que proteger dentro de su propio santuario. Al parecer, la niña se ha acostumbrado a usted, e inconscientemente ha dejado de respetarlo y valorarlo. La niña ha dejado de medir sus palabras ante usted. Mi Rey, me preocupa que su corazón acabe por enfriarse e insensibilizarse. Puede que el castillo no se destruya, pero tampoco permitiría que se convierta en un témpano de hielo.

— Creo que tienes razón. Aunque parezca inofensivo, considero que este es un problema que tiene que solucionarse pero, ¿Qué puedo hacer para remediarlo? No quiero más problemas de los que ya tengo y tampoco quiero separarme de la niña. Al fin... "Más es lo que nos une, que lo que nos separa" y además... me costó tanto encontrarla.

— Mi Rey, no se preocupe que todo saldrá bien. Ya tengo la solución para este problema. Escuche...

El caballero le susurró el plan, pero el rey no estaba muy convencido. Sin embargo, de acuerdo o no, el caballero nunca le había fallado, así que decidió proseguir con la estrategia.

A la mañana siguiente aparecieron volantes pegados en todas las calles principales y plazas del reino. Los aldeanos no lo podían creer.

¡GRAN BAILE REAL!

Se convoca a todas las doncellas del reino a un baile real que se realizará en tres días, al atardecer.

Como sabrán, el niño se ha coronado rey y ahora está buscando una damisela que administre su castillo. Demás está decir, que la afortunada se convertirá en la nueva reina y dueña de todos los territorios.

Se ha preparado una velada fantástica y se convoca a todas las aspirantes a venir con sus mejores atuendos.

Atte. El Caballero

Capítulo 5 —El anuncio real.

El anuncio se esparció rápidamente por todo el reino. La noticia era alarmante y el niño estaba estresado. En el reino ya se rumoraba que ellos tenían problemas, pero nadie se imaginaba que el rey tomaría una decisión tan drástica. En cualquier otro momento, el niño habría anulado todo el evento e ido por la niña para decirle que era la única en su vida, pero esta vez era diferente. El niño sabía que tenía que seguir con el plan del caballero al pie de la letra.

Cuando la niña por fin leyó el anuncio, no supo qué pensar. Todo ese tiempo, creyó ser la única, pero al parecer no era así. Se sentía decepcionada. ¿Cómo era posible que la hayan engañado así? Pero, si ella era muy desconfiada con todos. ¿Por qué habría bajado la guardia esta vez? Se sentía utilizada.

Ella muchas veces le había entregado su corazón al niño y esperaba lo mismo trato por parte de él (como mínimo). Por desgracia, este anuncio real era la prueba irrevocable que el niño solo había jugado con sus sentimientos. Jamás se habría imaginado tal traición y menos en una manera tan pública. La niña se sentía humillada.

Cayó la noche del día primero y lentamente se acercó la hora de visitar al niño. En un día normal, ella habría salido muy feliz hacia el castillo. Ellos habrían jugado en alguna habitación hasta altas horas de la noche y finalmente el niño la habría llevado a su casa para hacerla dormir. Desafortunadamente, hoy no era un día normal. Hoy, el niño la había traicionado, así que esa noche tampoco no salió.

—***—

El rey se sentía afligido porque la niña no llegaba y con cada hora que pasaba, él se impacientaba más y más.

— ¡Caballero! — gritó el rey.

— Dígame su alteza.

— Tengo un problema. La niña no ha llegado y lo que es peor, cuando mis emisarios llegaron a su casa esta tarde, no la vieron. No tengo noticias de ella y me estoy preocupando. Además... la extraño mucho.

— No se preocupe su alteza, yo tengo mis informantes por todas partes. La niña está sana y salva en su casa. Ella no ha querido salir porque el anuncio del baile le ha dolido mucho. Pero téngalo por seguro que la niña está súper enojada con usted.

— ¡¿Cómo?! —exclamó el niño— de haber sabido que éste plan lastimaría a mi niña, jamás lo habría aprobado.

— Mi Rey, no se preocupe. Así como el oro se purifica con el fuego, así también las personas se purifican con el sufrimiento.

— Pero no quiero que ella sufra. ¿Cómo quedará su corazón después de todo esto?

— Más brillante que el sol mi Rey. Solo dele tiempo para sanar.

—***—

A la mañana siguiente, la niña salió a pasear por los mercados del pueblo sin poder más que pensar en todas las veces que recorrió estos mismos lugares con el niño. Sus ojos se llenaban de lágrimas por la tristeza.

— ¿Qué estaría pensando el niño cuando puso este anuncio? —Pensó ella— ¿Se habría enojado por algo? ¿Se habría cansado de mí?

El niño había hecho muchísimos sacrificios por ella, pero: ¿Que había hecho ella para merecerse esto? Entonces recordó la primera vez que el castillo casi se desmorona. Recordó todas las habitaciones que, por abandono, casi fueron destruidas. También recordó la primera vez que abandonó al niño, desprecio su castillo y echó por tierra todos sus esfuerzos. Durante esa pelea, ella lo había comparado y menospreciado abiertamente: a él y a su castillo. Recordó también, que después de todo aquel maltrato, el niño la recibió con los brazos abiertos y con mucho amor, como si nada hubiera pasado. ¡¿Cuánto había hecho el niño por su amor?!..., y... ¿Cuánto había hecho ella por el amor de él?... La niña lloró un poco más, pero estas últimas lágrimas fueron de aflicción. Era la segunda vez que veía las cosas desde el punto de vista del niño. La primera vez, fue cuando puso su corazón sobre la armadura oxidada y esta se resquebrajó.

— ¿Cuánto habrá sufrido el niño antes de conocerme? —se preguntó.

La niña sabía muy poco del sufrimiento del niño. A decir verdad, si bien sabía su historia, jamás se había puesto en sus zapatos, o pasado por situaciones similares como para poder entenderlo realmente. Muy pocas veces había sufrido por la soledad.

La primera vez que sufrió de soledad fue hace mucho tiempo, cuando conoció al Príncipe-Ayer. Este la había tratado como una princesa, pero finalmente se fue muy lejos dejándola sola y abandonada. Fue horrible estar sola y sentirse completamente despreciada. Por suerte, ese tiempo doloroso no duraría mucho, pues fue entonces cuando encontró la armadura oxidada. No fue sino en el peor momento de su aflicción, que pudo pensar en función de alguien más.

— "El orgullo no nos permite ver más allá de nosotros mismos" —pensó.

Entonces se acordó de todos los abrazos, caricias y ternuras que recibió cuando se soltaron los brazos de la armadura. Recordó todas las historias, anécdotas y finales felices que escucho cuando soltó las piernas. ¿Qué feliz se sintió al recordar aquel trozo de metal? Tan feliz estaba su corazón, que no dudó en entregar su propia inocencia por un final feliz.

Nunca se lo había dicho al rey, pero él también le había salvado la vida. Le parecía increíble que, de un día para otro, todos estos momentos felices tuvieran que desaparecer, como si no valieran nada. De tener al niño frente a ella, le habría hecho muchas preguntas. Pero en ese instante solo necesitaba descansar en sus brazos. Aún tenía muchas cosas en la cabeza así que ese día tampoco volvió al castillo.

—***—

Llegó la tarde y cayó la noche del segundo día. No quedaba mucho tiempo antes del baile (que sería en menos de 24 horas). Definitivamente el Rey se estaba desesperando. Si el baile se llevaba a cabo sin la intervención de la niña, quien sabe lo que podría pasar.

— ¡Caballero! —gritó el Rey muy preocupado— La niña aún no viene y temo lo peor. Tú sabes cómo es su carácter. Sé que debe estar enojada conmigo, pero ya han pasado dos días. Temo que el anuncio que pusiste también haya caído en manos de otros Reyes y príncipes. Como bien sabes, a ella no le faltan pretendientes. Seguramente, de coraje ya se fue con otro y mientras tanto, yo sigo aquí esperándola por culpa de un caballero que no me deja salir.

— Efectivamente mi señor. Mis mensajeros se han encargado de llevar las volantes a todos los reinos vecinos. Además, también me informan que la niña ha recibido numerosos emisarios con cartas de amor, de otros príncipes.

— ¡¿Cómo?!—la cara del Rey empalideció— ¡Ahora mismo voy a verla!, esta situación se nos está saliendo de las manos.

— ¡NO! mi rey, aún no puede ir. Si usted va ahora, todo nuestro esfuerzo habrá sido en vano y lo que es peor, la niña siempre se lo reprochara. Primeramente, ella tiene que darse cuenta de lo mucho que lo ama a usted por sus propios medios y sin ayuda.

— ¡Ah!, suspiró el rey profundamente, como para contener su ira y vocalizar su siguiente frase.

— Caballero, escucha las palabras que van a salir de mi boca.

— ¿Sí, alteza?

— ¿Te acuerdas lo mucho que nos costó encontrar a la niña?

— Sí.

— Si ella decide irse con alguien más, el castillo caerá, y tu armadura se oxidará. ¿Estás consciente de lo valiosa que es ella para nosotros?

— Estoy consciente. Pero no se preocupe que cuando ella vuelva, no sólo nos será valiosa… sino invaluable.

—***—

Aclaró la mañana del tercer día y las damiselas del reino ya se estaban probando sus mejores atuendos para el baile real. Tres días atrás, habría sido tabú hablar de la relación entre el rey y la niña pero, ahora este asunto estaba en boca de todo el mundo.

— ¿Qué atrocidad le habrá hecho la niña al pobre Rey, para que la trate así?, murmuraban las mujeres al pasar al frente de la casa de la niña.

— ¿Quién sabe?, pero el baile es ésta misma noche y yo no me lo perdería por nada. Se dice que el Chef está soltero y cocina buenísimo.

Faltaban pocas horas para que el baile comience y la niña no quería salir de su casa. Ella podía escuchar claramente los murmullos que provenían de la calle. Muchos emisarios de otros reinos le habían llevado invitaciones, así que salir de vacaciones era tan fácil como llamar a uno de ellos y empacar maletas.

— Al fin...—Se dijo a sí misma—, el niño ni me ama ni me aprecia. Yo estoy segura que hay muchos que me quisieran a su lado. No tengo porque estar humillándome aquí. ¡¿Qué habría estado pensando el niño al hacerme esto?! —pensó enojada— Pero esto no se queda así. El rey tal vez no sepa lo que ha perdido, pero yo sí sé. Me iré de este reino y cuando él me suplique por regresar entonces sabrá lo que es bueno.

La niña alzó la barbilla con signo de altivez y dibujó en su mirada una sonrisa macabra.

— Antes de irme, quiero ver los verdaderos colores del rey. Quiero ver cómo es realmente. Solo así me desengañaré de una vez por todas y podré irme tranquila.

La niña se preparó con un traje de gala y un velo negro par infiltrarse en el baile. Nadie tendría que saber su identidad.

—***—

Mientras tanto, en los patios del castillo...

— Mi rey, hoy es un día muy importante—, dijo el caballero. —hoy tiene que lucir lo mejor posible.

— Primero que nada —interrumpió el niño—, yo no pienso cortejar a nadie, mi corazón simplemente no está aquí. Y segundo, ¿cómo crees que voy a usar el traje que me regaló la niña? Este atuendo es muy especial entre ella y yo. No lo puedo usar sin que ella esté a mi lado.

— Exacto mi Rey, precisamente por eso tiene que ponérselo.

— Caballero, te juro que como este plan no funcione, te mato yo mismo. — Usted hágame caso, que todo saldrá bien.

Capítulo 6 —El gran baile real

Las doncellas del reino fueron llegando una tras otra, hasta caer la tarde.

Una vez que se ocultó el sol, empezaron a encenderse los faroles en el jardín. Todo el sitio estaba iluminado con hermosas rosas de papel.

Toda la pista de baile estaba llena de estantes con sus respectivos expositores (un representante por cada habitación del castillo). La primera carpa era del masajista, con su silla ortopédica, lociones y aceites. La siguiente carpa era del psicólogo que podía adivinar la personalidad con solo analizar la escritura cursiva. En esta misma carpa estaban el cuentista y un bufón. En la siguiente carpa había un retratista. En la siguiente un profesor de baile. En la siguiente, el aprendiz de cantinero repartiendo su mejor vino. En la siguiente estaba el chef con sus platos y bocaditos exóticos; y así... continuaban las carpas una tras otra.

Una vez encendidos todos los faroles, el caballero se aproximó al centro de la pista.

— ¡Doncellas... sean bienvenidas! —, gritó el caballero— Por favor disfruten de la recepción. Conversen con todos los miembros de la corte hasta que el Rey esté listo. A su debido tiempo, él se reunirá con cada una de ustedes y así se escogerá a la más indicada. Bueno, no les canso más... ¡Disfruten!

La niña escuchó detenidamente cada palabra que pronunció el caballero, pero aún no podía creer lo que estaba pasando. En algún momento, ella esperó que el niño llegase a su puerta y le dijera que todo esto era una locura. Pero esa esperanza ya había quedado en el pasado. Ahora mismo, se encontraba triste y molesta en los patios del castillo con un vestido que le escondía el rostro. De cualquier manera, no podría hacer nada hasta que el niño saliera, así que decidió disfrutar un poco de la recepción.

La primera carpa que visitó fue de clases de Origami. Le parecía algo tan sencillo y lindo a la vez. En la carpa habían dos chicas tratando de hacer unas flores de papel. Al parecer, ambas eran muy diestras. Sin muchas explicaciones, las dos ya habían terminado unos lindos apliques para cabello. Ambas estaban muy felices pues los apliques combinaban con sus vestidos y las flores de papel que adornaban la recepción. El maestro las felicitó y les dijo: "Es poco común encontrar a doncellas con tantas ganas de aprender". Con esto se terminó la clase y el estante quedó vacío por unos minutos. La niña y el maestro cruzaron miradas por un segundo, pero ella volteó su vista y siguió caminando.

La segunda carpa decía, "Clases básicas de baile". Solo había una persona, pues la mayoría de las doncellas bailaban muy bien. Aquella joven era tímida. Nunca le había gustado bailar, pero sus primas, que también asistieron al baile, la obligaron a tomar clases. Ella no se sentía muy cómoda bailando, pero el profesor era alto y encantador así que decidió seguirle el juego. La niña los observó por un momento. Hasta entonces, ella no se había percatado de lo romántico que era bailar con el ser amado. Entonces recordó las veces que bailó con el niño, en algún evento o cena romántica. Sintió mucha nostalgia. Finalmente cruzó miradas con el profesor un par de segundos y continúo su camino.

La siguiente carpa era presentada por el Psicólogo, el Cuentista y el Bufón. El primero practicaba grafología con las doncellas y les adivinaba su personalidad con solo observar su caligrafía. También las aconsejaba si se lo pedían. La niña recuerda que había sido el mismo psicólogo quien había escrito todas las pruebas y preguntas que encontró dentro del casco de la armadura.

Del otro lado, se encontraba el cuentista que estaba rodeado de un público atento que lo escuchaba con fascinación. Cada historia era más fascinante que la anterior. La niña ya se las sabía todas, pero aun así era divertido escucharlas una y otra vez. Eran las mismas que había escuchado cuando soltó los pies de la armadura.

El bufón, que se escondía al fondo de la tienda, se puso de pie y salió hasta la entrada de la carpa, dibujó un arco en el piso con una tiza blanca (simulando un estrado), hizo una reverencia y saludó con la mano. Acto seguido, el psicólogo y el cuentista se levantaron para devolverle la reverencia y presentarlo.

— LES PRESENTAMOS AL BUFÓN, entre nosotros... el más sabio — dijeron el psicólogo y el cuentista.

— ¡La alegría es mejor que el enojo! Permítanme que les sirva de payaso. —dijo el Bufón— ¡Cantinero! venga para acá.

— A sus órdenes—, dijo el aprendiz.

— Mire a todas estas lindas damas, pero míralas bien.

— Todo se ve lindo mi señor.

— ¿Acaso no te das cuenta que tienen la garganta seca? ya no se pueden ni reír ¿Cómo quieres que empiece mi show? Vaya y sirva una copa de vino a cada una para que se suelten un poco y dejen la rigidez.

— Sí mi señor —al instante, el aprendiz volvió con un charol lleno de copas de vino. Una vez servidas todas las copas, el bufón continúo su charada.

— ¡Ahora sí! ¿Todos tienen vino? ¿Verdad?

— ¡Sí! —gritaron las doncellas.

— Entonces ya podemos empezar... ¡Pero primero! les hago una pregunta. ¿Quién de aquí nunca se ha enamorado? — Una de las doncellas alzó la mano

¿No te da vergüenza? Pero si el acto de amar es hermoso. Haber... ¿Quién de ustedes se ha peleado con el ser amado?... ¡no me contesten! no es necesario..., en sus caras puedo ver fácilmente que todas son unas mujeres muy difíciles, pero les aseguro que amar y sentirse amado es lo más hermoso así que vayan y perdonen a sus pobres parejas. — en ese momento, ninguna de las doncellas se movió. El bufón, rápidamente, fijó una mirada acusadora en la primera chica que encontró y dejo que pase un segundo completo antes de volver a dirigirse al público — si del amor al odio hay un paso, ¿Por qué correr una maratón para perdonar a los que más amamos?

Siempre es mejor escoger una sonrisa, aunque esta oculte un llanto. Piénsenlo, ¿Quién no recuerda la última vez que LLORÓ DE ALEGRÍA?

¡Ah!, Pero si aún el futuro les parece negro... ¡Humor NEGRO!... pero si no hay que ser racista.

¡Vamos! que reír es más fácil y para todo hay solución. Dejemos a un lado esa copa del rencor y alcemos una de vino. Y si el vino envanece, pues mucho mejor, ¿para qué enaltecerse tanto? No sea que por vértigo menospreciemos a los que aún están debajo. Al fin, si nos caemos, ellos estarán para agarrarnos...

Y... para muestra un botón:

¡Cuentista!, ¿Si yo me dejo caer, tú me atrapas?

— ¡No! para nada. De ninguna manera.

— ¡¿Vieron?! Por eso es que la vida de los bufones es tan corta. Además, cabe recalcar, que los cuentistas son puro cuento. Pero bueno... todos tenemos nuestra razón de existir. Les explico: El cuentista está para escribir todos los acontecimientos relevantes. El Psicólogo está para analizar dichos eventos y aprender de ellos. Y... finalmente estoy ¡YO! Yo soy el más importante y el más sabio de los tres. Mi trabajo es darle humor a todas estas enseñanzas sin que pierdan su contenido o su valor. De no ser por mí, la biblioteca sería tan aburrida, que nadie leería libros jamás.

¡Haber!, para el siguiente acto necesito una voluntaria, un candado y un serrucho. ¿Quién quiere pasar adelante?

—***—

Sin darse cuenta, la niña estaba riendo. Tanta payasada la había hecho olvidar su misión original. Ya no se sentía enojada, sino, más bien, un poco confundida consigo misma por lo que decidió seguir caminando.

La siguiente carpa cubría una mesa larga y llena de pequeños platos tales como: tacos, brochetas, crepes, cortes de carne asada en salsa de champiñones, fruta picada con yogurt, etc. Cada quien pasaba con su plato y lo llenaba como quería. La mesa estaba servida y las personas comiendo, pero... ¿Dónde estaba el Chef?

La niña siguió caminando hasta llegar a la carpa del masajista.

— Que conveniente —pensó la niña— Hace dos días que duermo mal por culpa del niño y la verdad que necesito un masaje. Se puso en la fila y a los cinco minutos ya era su turno.

Se sentó en la silla, cuidándose de no descubrir su rostro y cerró los ojos. El masajista calentó sus manos y se dispuso a examinar su espalda detenidamente en busca de nudos. Una vez encontrado los puntos de tensión, empezó su trabajo. "mmm" la niña dejó salir un gemido de placer. Tenía la espalda muy rígida y dura por causa de tantos problemas sin solución. ¡Trac, Trac! Con cada palmada, sentía como si le quitaran piedras de su encima. A los pocos minutos se sentía relajada y tranquila. Ahora su cerebro recibía el 100% del flujo sanguíneo y ya podía pensar mejor. Finalmente, el masajista le dio una palmada más suave, como señal que había terminado. Después de levantarse, la niña cruzó miradas con él y siguió su camino.

— ¿Para qué fue que vine? —pensó la niña— Ah, para ver la clase de canalla que es el rey.

—***—

Mientras tanto, al otro lado del castillo...

— ¡Caballero! —dijo el rey.

— Dígame, su alteza.

— Aun no entiendo tu plan, ¿Qué tiene que ver todo esto con la niña?

— Muy simple mi Rey. "Nadie sabe lo que tiene hasta que lo pierde". En otras palabras... las cosas y personas obtienen valor en la medida que uno las valora. Si no valoramos lo que tenemos, simplemente no valdrán nada.

Cuando las bendiciones son dadas gratis, no las valoramos hasta que dichas bendiciones son arrebatadas. Usted valora a sus súbditos, porque alguna vez también fue sirviente, pero la niña jamás ha sido sirviente de nadie.

Ella sabe mandar y que le obedezcan... y si alguien no la obedece, es echado fuera a su propia suerte. Es por eso que usted decidió actuar cauteloso con ella por tanto tiempo. En el fondo usted tenía miedo que ella lo dejara por algún error suyo. Usted también sabía que ella no lo valoraba lo suficiente como para luchar por su amor. Acuérdese que usted una vez le preguntó: "¿Lucharías por mi amor?" ...—El Rey agacho la mirada—. Mi Rey, ¿Recuerda lo que ella le contestó? Ella no dijo nada y cambió el tema. Después, cuando usted le insistió con la pregunta, ella le dijo que, si usted alguna vez se iba, ella se sentiría decepcionada pero no lucharía por usted e igual lo dejaría ir. ¿Qué forma de amar es esa mi rey?

Es por eso que le dije que, no era justo que yo lo tenga que defender dentro de su propio santuario, y tampoco permitiría que su castillo se convierta en un castillo de hielo.

Primero la niña tiene que hacerse a la idea que lo perdió. Solo así podrá empezar a extrañarlo y VALORARLO. Después, ella tiene que luchar con su propio orgullo y vencerlo.

El orgullo es esa fuerza que se inventaron los humanos para sentirse más que los demás. El orgullo es tan tóxico que puede destruir incluso el amor.

"Si alguno quiere ser el primero, que sea el último de todos y el servidor de todos" (Marcos 9:35, Mateo 20:27).

Más, sin embargo, Satanás ha hecho que los humanos confundan orgullo con valoración. Cuán diferente sería este mundo si las personas fueran menos orgullosas, pero se valorasen más. Por ejemplo, el bufón real es el más valioso de sus súbditos y a su vez, es el menos orgulloso.

— Todo esto está muy bien — contestó el rey—pero, ¿Crees que la niña pueda entender esto ella sola? y lo que es aún más difícil. ¿Crees que logre vencer su propio orgullo sin ayuda de nadie?

— Sí mi Rey. Ella aún no lo sabe, pero el amor que siente por usted es más grande que su propio orgullo.

Capítulo 7 —La nueva Reina

La niña siguió su camino.

La siguiente carpa era un pequeño cine improvisado con un proyector mágico y un sillón para cinco personas. Sentado al frente, estaba el aprendiz de cantinero.

— ¿No deberías estar haciendo cocteles? —Preguntó la niña.

— Bueno, lo que pasa es que el bufón me dijo que me venga a cuidar este estante porque él quería atender el bar. Apenas vio que me iba, el bufón guardó todos los vinos y se puso a repartir tequila.

— Ah...

Pero, que yo sepa no se ven películas en los bailes. En los bailes se baila. ¿Por qué incluyeron un estante de películas en el baile, sin nadie que lo atenda?

— Te explico: Esta es una carpa muy importante, porque representa el cuarto favorito del rey y tiene un valor histórico.

El Rey considera que: "Invirtiendo dos horas de su tiempo en una película, él puede ganar una vida de momentos". Él puede hacer esto porque vive las películas que ve. Algunas películas le recuerdan su pasado, otras su presente y otras lo inspiran a planificar su futuro. En cuarto de cine fue el primero que se creó en el castillo; los demás cuartos vinieron después.

— ¿Qué película estás pasando ahora? —preguntó la niña.

— No es una película, solo es una obra circense. El Rey está tramando algo, así que nos pidió que la pusiéramos como entretenimiento de fondo. Por cierto… ¿Puedo preguntarte algo?

— Sí

— ¿Por qué tienes velo? Así nadie sabrá quién eres

— Porque… no quiero que sepan quién soy. Ahora tengo que irme—respondió fríamente y salió del lugar.

En la última carpa, se había instalado una cocina con todos sus utensilios. El Chef se había ubicado justo al lado del bar de vinos porque así, también tendría acceso a frutas picadas. Frente a él, una docena de doncellas lo miraban preparar platos y repartir degustaciones.

El Chef volteaba un crepé, para luego cortarlo en trozos cuadrados y repartirlo junto con fruta y manjar. La niña no quiso comer, pues aún tenía un nudo en la garganta por todo lo que estaba pasando con el Rey pero, a pesar de no querer nada, se quedó viendo cocinar al chef. Sintió mucha tristeza en ese momento porque recordó todas las comidas románticas que había disfrutado gracias a su buena cocina. Al fin, el baile duraría un par de horas más y después… todo habría terminado. Su felicidad, su alegría y el radiante castillo. Justo antes de marcharse, en el preciso instante que se iba a levantar de su puesto…, apareció el bufón.

— Damas y damiselas. —dijo el bufón— Me da mucho gusto verlas comiendo. Disfruten de este instante porque es hermoso. Disfrútenlo desde el fondo de su corazón y sin remordimientos. Sean felices mientras puedan. Ahora, mientras hacen fila para comer, les mostrare mi siguiente truco.

El bufón tomó un bocadito de crepé con manjar y…

— ¡MIREN! Haré desaparecer este bocadito frente a sus ojos. ¡AHORA LO VEN!... (El bufón se comió el bocadito lentamente, como para que todos sepan lo bueno que estaba)… ¡AHORA NO LO VEN! Lo mismo pasa con la felicidad. Primero la encuentras, después tratas de disfrutarla al máximo y finalmente desaparece. Es por eso que yo nunca me alejo demasiado de mi amigo el Chef.

El bufón tomó otro bocado y continúo su discurso de la misma manera.

— Si quieren ser felices para siempre, búsquense a un hombre que sepa cocinar... o que al menos las sepa engordar con instantes de alegría. Y con esto me despido porque el baile está casi por empezar.

La niña empezó a meditar en todos los momentos felices que había pasado con el rey y sus sirvientes. ¿Qué habría hecho ella para que el rey haya puesto semejante anuncio? ¿En qué momento dejé de ser especial? ¿En qué momento dejé de ser la niña capaz de abrir todos los candados de su armadura?

Se sintió más herida que nunca, pues sintió que había perdido su INOCENCIA. Cruzó miradas con el chef por última vez y bajó su rostro. Mientras cerraba los ojos, podía escuchar claramente el murmullo de las doncellas:

— Seria lindo tener a alguien que me hiciera platillos ricos todo el tiempo. —mencionó una.

— Aunque no sepa cocinar, pero que me haga reír siempre... especialmente en los momentos más difíciles. — mencionó otra.

— Aunque no sea chistoso, pero que sea detallista. Que me regale flores, me dedique canciones y me escriba poemas. —comentó las siguiente.

— Aunque no sea detallista, pero pueda dar buenos masajes cuando esté cansada o estresada..., que me saque de mi realidad y me libere de mi estrés..., que me entienda, me escuche y se interese por mí. Que me dedique su tiempo y valore el mío. —mencionó otra.

— Ustedes piden mucho. Yo, en cambio, solo pido un hombre que me ame por lo que soy, con mis defectos y virtudes..., pero por sobre todas las cosas..., que me quiera amar. Que esté dispuesto a aprender a amarme y que me haga sentir amada. Aunque no sepa ni hacer bien un coctel, pero que esté dispuesto a hacerlo para verme feliz. —mencionó la última.

Al escuchar todo esto, la niña empezó a recordar el castillo y sintió mucha nostalgia. Todos sus pensamientos, sentimientos y experiencias se agolpaban una tras otra en su mente. Ella sintió como si su espíritu se desmoronaba por dentro... y... Justo en el peor de los momentos, escucho la voz del Caballero.

— ¡Damas y damiselas! La hora ha llegado. En estos momentos, los miembros de la corte real se acercarán al centro de la pista y ustedes podrán bailar con todos ellos. Cabe recalcar que todos son hombres libres. Y... para darle apertura al baile real, aquí les presento... al rey.

El rey se presentó con su vestuario real, el mismo traje que la niña le había dado y que tenía bordados todos sus momentos felices. Al verlo, la niña no supo qué hacer, así que salió del evento y se refugió en una esquina sombría del parque. Las lágrimas brotaban de sus ojos y no las podía contener. Amó y odio al rey en ese momento. Él era un malvado por haberla hecho sentir miserable, pero amaba a ese canalla. Quizás no era perfecto como el hombre de sus sueños, pero era suyo. No se podía imaginar al rey con nadie más que solo ella... y... ya lo había perdido.

—***—

Mientras tanto en la fiesta.

— ¡Mi rey!, —dijo el caballero— su espera ha terminado. Mis informantes me han dicho que la niña ya está lista para que usted la busque. Ella se encuentra en el parque.

— ¡En serio!

— Sí, mi rey. Vaya búsquela, que para nosotros ella es INVALUABLE.

El rey salió apresurado de la recepción. Mientras caminaba, podía sentir una mezcla de felicidad y miedo. Habían pasado muchos días desde la última vez que había tenido en sus brazos a la niña y temía que aún estuviera enojada con él. Temía abrirle su corazón y que ella le reprochara todo lo ocurrido. El caballero no estaba para protegerlo pero, a pesar de eso, nunca dejo de caminar hacia ella. El nunca dejo de "querer" amarla. Mil pensamientos surcaban su mente en ese momento. Recordó por ejemplo, la primera vez que desobedeció al caballero:

— *"Tus cuidados solo me han traído soledad. Si de dolor he de morir, he de morir en compañía.*

— *No sabes a lo que te enfrentas.*

Si no me llevas perderás tu inocencia.

— *¿Para qué quiero inocencia si no tengo a quien dársela?"*

Recordó, que por desobedecer al caballero la primera vez, terminó perdiendo su inocencia. Esta vez, en cambio, el caballero lo había mandado sólo. El niño siguió caminando hasta que la niña lo observó venir. Al percatarse que ella lo miraba, él trato de caminar erguido y aparentar ser fuerte, pero eso ya no importaba. Al verlo, la niña corrió hacia sus brazos y lloró en su hombro. El niño aún no sabía qué hacer, pero se sentía feliz de haber recuperado su tesoro.

— Te amo —dijo la niña en un sollozo.

— Y yo a ti —respondió el niño.

— No se te ocurra dejarme —contestó la niña.

— Jamás pasó por mi mente. —dijo el niño.

SEGUNDA PARTE

"La verdad te hará libre.

El amor te hará eterno"

Capítulo 8 —Ilusión

El abrazo entre en niño y la niña fue tan mágico que pareciera haber detenido el tiempo. Ellos podían sentir su propio calor (mutuamente) y esto los hacía sentir como a miles de años luz del castillo. Muy lejos había quedado la desesperanza de sentirse solos. Ellos se sentían de nuevo en su propio mundo, lejos de la realidad. Los sirvientes reales podían bailar con las doncellas todo lo que quisieran, hasta saciar sus deseos, pero eso ya no importaba. Ya nada importaba, pues ella sabía que el corazón del Rey había vuelto a ser suyo.

— Mi rey, —dijo la niña— ¿Para qué anunciaste que buscabas reina?

— Todas las damiselas quieren ser princesas, porque de esa manera lo poseen todo, sin tener que cuidar de nada. Por el contrario, ser Reina implica cuidarlo todo... y a todos.

— ¿Pensaste que no cuidaría de ti, o del castillo?

— La inteligencia y la razón son suficientes para cuidar de los humanos y las cosas. Pero para cuidar los sentimientos de las personas se requiere amor. El calor que se genera en nuestros corazones es el responsable de calentar este castillo. Amar cada uno de los cuartos, como una creación propia es lo que le da luz a este castillo.

La doncella que reine este castillo debe tener un corazón radiante, caluroso y lleno de amor. Para que esto sea posible, su corazón primero tendría que estar libre de orgullo. Solo una reina llena de amor y libre de orgullo puede cuidar de los sentimientos de un rey y sus súbditos, como si fueran los suyos propios.

— Y... ¿de haber encontrado a alguien idóneo me habrías dejado?

— Es más complicado de lo que crees. En primer lugar, ninguna doncella de este baile habría pasado las pruebas que tú pasaste. El caballero conoce muy bien este reino. Por eso lo sé.

— Es decir... ¿Me estabas esperando a mí?

— Te espere hasta el último minuto para cancelar este baile. Esperaba que vinieras y me abrazaras como lo hiciste hace un momento. Esperaba que finalmente logres despojarte de todo tu orgullo y así logres amarme a pesar de mis defectos y a pesar del dolor que te hice sentir.

— Y ahora ¿qué se hace con el baile real? — Bueno... hay que volver.

— ¡¿Cómo?!

— … vamos…

— ¡¿Qué?!

La niña estaba muy alarmada, pues no sabía que pasaría. Además, de tanto llorar se le había corrido todo el maquillaje.

— ¿Qué pensarán de mí?, estoy toda desarreglada—. Dijo la niña.

— ¿Acaso te importa más lo que piensen ellos de ti, que vivir tu propia felicidad? —el niño el agarro fuerte de la mano y no paró de caminar.

Por un instante, la niña dejó de preocuparse por todo y decidió dejarse llevar de la mano del rey. Ya no tenía el control, pero confiaba en el rey.

—***—

Dentro de la pista de Baile ya se notaba la ausencia del rey. Todas las damiselas estaban intrigadas, pero no alarmadas. Todos los sirvientes sabían muy bien el plan del caballero. Su trabajo se enfocaba en entretener a las doncellas y hacerlas pasar un buen rato. La orden del caballero era la de divertirse mucho y esperar la señal.

Al poco tiempo, se escuchó un grito de alegría. ¡Ya viene! ¡Ya viene! El bufón salió de entre los arbustos y cruzó la pista saltando y bailando alegremente hasta desaparecer por detrás de unos estantes. La banda musical dejó de tocar y todo el evento fue invadido por un breve silencio. Acto seguido, las luces se apagaron y el cielo se iluminó de fuegos artificiales. Un mar de luces de colores cubrió el firmamento en ese momento.

La señal del caballero había sido dada. En ese momento, los súbditos reales cogieron a sus parejas y les empezaron a contar toda la historia. Desde el descubrimiento de la niña, hasta el complot del baile real, terminando con la purificación del corazón de la niña. Al escuchar las historias, las doncellas se sentían como si un fuego interno hubiera cobrado vida dentro de ellas. Que tierna historia.

Los fuegos artificiales no duraron mucho pero, las luces no se encendieron hasta que la última historia fue terminada. El rey aprovechó la penumbra para infiltrar a la niña hasta el centro de la pista y acto seguido, se encendieron todas las luces.

— ¡Sí! —el bufón real dio un grito de júbilo— ¡Damas y damiselas! Nuestro Rey... Ha escogido a su futura Reina.

El bufón alzó su mano y estiró su dedo para apuntar al centro de la pista. Todos fijaron su mirada en la niña, que no sabía qué hacer. La niña se ruborizó tanto, que ya no importaba su maquillaje. Se limpió un poco los pómulos y dibujó una sonrisa mientras pensaba. —"trágame tierra"— Todos aplaudieron, la banda volvió a tocar y el baile continuo.

—***—

A la mañana siguiente, toda la tormenta de emociones había terminado. Era muy temprano y los rayos del sol apenas empezaban a iluminar el reino. El Rey y la Reina permanecían en sus aposentos, abrazados uno junto al otro. El Rey aun dormía mientras que la Reina, que ya había despertado, se limitaba a observarlo cuidadosamente. Esta vez su mirada era diferente, pues no irradiaba orgullo sino aceptación y amor. Se sentía feliz. No habría preferido estar en ningún otro lugar. Lentamente y sin causar ningún ruido, se levantó de la cama y empezó a inspeccionar el lugar. La habitación del rey estaba llena de objetos alusivos a cada cuarto del castillo. Era una habitación interesante, pero estaba un poco desordenada y llena de polvo. Al parecer, el rey tenía tiempo para crear cuartos, pero no para limpiar.

Sobre la pared, había un viejo cuadro con un poema bien deteriorado, como si fuera un sueño que nunca tuvo lugar.

Quien vive fantasía

Quien vive fantasía...

Se ilumina su propia mente
con una imagen inhóspita, incierta.
Un paraíso oculto, fantástico.
Una realidad utópica, alterna.

¿Qué es lo que imagino?

Imagino que me despiertas cariñosa
una mañana, un día de fiesta.
Después de la pelea, de mil batallas.
Imagino que me quieres, aunque duerma.

¿Qué es lo que quiero?

Yo quiero que me quieras como el día
Quiero que me esperes como la noche
Quiero que me admires como la luna
Y que me temas como al sol

Pero, por sobre todas las cosas

Quiero que me ames sin preguntas.
Que me pienses, sin rencores.
Que me quieras cerca, como tu piel.
Quiero ser tu aliento en tus labios.

Quiero las palabras que dices.
Los pensamientos que dejaste.
Las fantasías que tuviste.
Quiero ser en tu conciencia, la voz.

Quiero ser verso y poesía,
aventuras, tristezas y risas,
pero por sobre todo, calor.
Abrigarte, cubrirte, amarte.

Quiero ser el suelo que pisas.
Las nubes que observas.
La brisa que te empuja.
Quiero ser en ti sangre y obsesión.

Quiero ser el beso que esperas.
La caricia que anhelas
Las palabras que rezas
Y en tus labios ser, lujuria y razón

Quiero que grites en mis oídos
Que explotes en mis latidos.
Poseerte en cada suspiro
y que duermas rendida, exhausta

Te quiero perdida en mis ojos
reposada sobre mis hombros.
Indescifrable, incomprensible, inhóspita.
Enamorada, protegida, amada.

— Acabas de leer mi más grande ilusión—dijo el rey que ya se había levantado— Este poema fue un grito desesperado de mis más profundos deseos, escrito en lo más oscuro de mi soledad. Mi más grande ilusión se hizo realidad contigo esta mañana y ahora este poema te pertenece.

La reina sonrió.

— Buenos días mi rey.

Después de esto, ellos pasaron gran parte de la mañana conversando de la fiesta y de otros temas. Por la tarde, la reina decidió inspeccionar el castillo para visitar los cuartos que no había visto y los cuartos en construcción.

Después de mucho caminar y conocer, ella notó que al castillo carecía de algunas cosas. Por ejemplo, de entre los sirvientes, no había nadie que limpiara el castillo o pusiera las cosas en orden. Tampoco habían adornos por ningún lado. Todo funcionaba bien, pero no habían floreros, ni manteles, ni cortinas, ni nada. Muy aparte del atuendo real, tanto el rey como sus sirvientes tenían atuendos poco elegantes y faltos de clase. Le sorprendió mucho que un castillo con tantos cuartos, careciera de cosas tan básicas como un cuarto de limpieza.

Entonces, la reina se sintió en la obligación de hacer algo al respecto. Era la reina de este castillo y no permitiría que todo este desordenado y polvoriento. Esa misma tarde, la Reina mandó a llamar a todas sus sirvientas personales para que se muden al castillo con ella.

—***—

Cuando llegó la comitiva de damas, el Caballero se puso un poco nervioso.

Observó muy de cerca el acontecimiento. Por suerte, la preocupación no le duró mucho, pues al observar el corazón de la reina, este seguía tan puro y radiante como la noche anterior.

— ¡Buenas tardes Caballero!

— ¡Buenas tarde mi Reina! —contestó el caballero.

— ¿Me intriga este movimiento de personal? ¿Necesita ayuda?

— Bueno... ahora que soy Reina y vivo aquí... Es tiempo que yo cree mis propios cuartos.

Miró al caballero fijamente y dibujó en su mirada una sonrisa curiosa.

— Caballero, te ordeno que me ayudes. —sentenció la reina.

— ¿Qué?... —el caballero sintió como si ella quisiera vengarse de él por sus actos, pero no sintió rencor en su corazón así que le siguió el juego.

Capítulo 9 —La gran invasión

El aprendiz, el Bufón y el Psicólogo, platicaban alegremente cuando de pronto, escucharon sonidos estruendosos dentro del castillo.

— ¿Qué es todo este alboroto?, —preguntó el bufón.

— Nuestro castillo está siendo invadido. —contestó aprendiz.

— Pero no escucho explosiones de cañón ni alaridos de guerra ¿Dónde está el Caballero? —preguntó.

— El Caballero está ayudando con la invasión.

— ¡¿Cómo?!—gritó el bufón fingiendo un gemido femenino.

— Calma, Calma. —dijo el psicólogo— Las sirvientas de la Reina están ocupando el castillo. En su debido tiempo, ellas nos harán la vida más fácil. Pero por ahora, te aconsejo que te relajes y disfrutes el espectáculo. ¡Abre tu corazón a nuevas posibilidades!

— ¿Cuánto tiempo crees que dure la invasión? —preguntó el bufón.

— El tiempo que sea necesario. Hasta que todas las sirvientas tengan su propio lugar en este inmenso castillo.

Cuando se trataba de realizar tareas múltiples, las sirvientas de la reina trabajaban juntas y podían completar todo muy rápido. Por otro lado, los sirvientes del rey trabajaban siempre separados y se tomaban su propio tiempo para terminar las cosas, salvo que sea una emergencia. Cuando ocurrían emergencias, el Caballero se encargaba de organizar las maniobras de ataque y los sirvientes se limitaban a seguir órdenes.

— ¡Atención! —exclamó la Reina ante sus sirvientas— Como ya sabrán, de hoy en adelante mi deseo es estar junto al Rey. Hoy las he convocado para que también estén junto a mí.

El Caballero real les mostrará sus habitaciones y sus cuartos. Este castillo es de ustedes, así que de nosotros depende que este lugar glorioso pueda brillar aún más de lo que brilla ahora.

— ¡A sus órdenes su alteza! —respondieron las sirvientas.

Acto seguido, estas se agolparon contra el Caballero para que éste les enseñe sus cuartos.

—***—

A los pocos días, cada una de las damas tenía su cuarto propio, operativo y funcional.

El primer cuarto, estaba lleno de estantes con jabones aromáticos, toallas, escobillas y demás artículos de limpieza. El propósito de dicho cuarto era limpiar y ordenar el castillo. Su doncella era muy exigente con las demás sirvientas de la reina, pues a ella le fascinaba el orden y la pulcritud; se sentía muy feliz cuando todo estaba limpio e impecable, pues solo en ese momento, sentía paz suficiente como para descansar.

El siguiente cuarto tenían perfumes, cremas, pociones rejuvenecedoras y aceites místicos. El objetivo de este cuarto era mantener a la gente bella. Esta habitación estaba habitada por una Cosmetóloga. Su rostro irradiaba juventud. Su actitud era jovial, amable, cariñosa y protectora. Su carácter era introvertido. Los sirvientes del Rey jamás se habrían imaginado que un cuarto así hubiera sido necesario... y aún de habérselo imaginado, no habrían logrado que nadie trabaje en él.

El siguiente cuarto quedaba en frente de las puertas del palacio, junto a los aposentos del caballero. Estaba organizado meticulosamente y poseía estantes con mapas, pergaminos, agendas y horarios. Estaba habitado por dos doncellas bien experimentadas (una Contadora y otra administradora de proyectos). Ellas dos habían puesto en orden los tratados históricos entre reinos por los últimos años. Además, habían organizado y catalogado una lista de mercaderes y, por si fuera poco, habían renegociado la deuda externa. Jamás el reino había estado más organizado y próspero. El rey siempre se olvidaba de las fechas, pero de pronto el calendario se empezó a llenar de cumpleaños, feriados y días festivos, todo gracias a ellas.

A más de los cuartos nuevos, muchos cuartos ya existentes fueron agrandados y embellecidos. Por ejemplo, el jardinero real anteriormente solo poseía una pequeña bodega para guardar sus herramientas. Ahora, en cambio, una de las doncellas de la reina, lo había organizado y entre los dos habían creado una bodega para utensilios de jardinería, además de un pequeño huerto con especies exóticas como ajíes (A la reina le encantaban los ajíes).

Otro beneficiado fue el chef, quien ahora tenía a un aprendiz que hacía excelentes jugos de fresa.

Otra remodelación tuvo efecto en el cuarto de pintura. Este cuarto había estado abandonado por mucho tiempo, pero una de las doncellas vino y lo remodeló completamente. Ahora no solo tenía lápices y papeles, también poseía escarchas, siliconas, papeles de colores, cartulinas, espumas de colores, tintes, telas y hasta una máquina de coser. La doncella que ocupaba este cuarto, además de ser versada en manualidades, también sabía muchísimo de modas y joyería fina. La artista en este cuarto era muy amable y jovial. Todo la hacía sonreír. El primero en visitar este cuarto fue el bufón real. Un nuevo atuendo le pareció buena idea.

Capítulo 10 —La llave color sangre

El castillo se expandió mucho desde la llegada de las doncellas. En esos días, todo parecía diferente. Incluso los cuartos que resultaban aburridos, ahora tenían un aire de renovado. Nunca los sirvientes habían tenido compañeras femeninas y a decir verdad, todos estaban un poco intimidados.

Mucho tiempo había pasado desde la vez que el castillo casi se desmorona y los sirvientes aún tenían latente en su memoria los desplantes de la Reina.

¿Habrían cambiado las cosas para bien? Solo el tiempo lo diría.

Cuando la Reina vio que sus damas estaban bien ubicadas, organizó un gran banquete. Esa noche se sirvieron tacos, jugos de fresa, aceitunas y flanes. Finalmente, el bufón abrió las botellas de vino y todo se alegró.

Una vez terminado el banquete, el rey se retiró a su cuarto, con su amada y terminaron la velada acurrucados uno con el otro. A la mañana siguiente, el rey se levantó muy feliz. Al ver a la reina durmiendo a su lado, sintió que ella había despertado lo más bello de su esencia, así que tomó una decisión desde el fondo de su corazón. Buscó en su velador la caja fuerte y sacó de dentro un juego de llaves. Buscó una hoja de papel y escribió una nota.

"Tu pudiste romper los candados de mi armadura,
y derribar los muros en mi corazón.
Hoy quiero abrirte todas mis puertas
para que confíes plenamente en mí"

Cuando la Reina despertó, pudo leer la nota. ¡Qué feliz se sentía en ese momento! El Rey por fin era totalmente suyo. Nunca más temería que el rey le oculte algo. Esta vez estarían juntos para siempre —pensó ella.

Lo primero que hizo fue examinar las llaves y sus etiquetas: "comedor", "cocina", "teatro", "cuarto de pintura", etc. Entonces vio una llave que estaba cubierta de sangre seca y que decía "verdad". Ella nunca había visto ningún cuarto con ese nombre. La curiosidad la estaba carcomiendo por dentro. Le parecía increíble que, a esas alturas de la relación, el rey aún le ocultara alguna verdad. Entonces se dio a la tarea de buscar dicho cuarto.

Buscó en todo el castillo por horas, hasta que finalmente encontró un túnel en el sótano. El túnel era muy oscuro y tenebroso. Las paredes eran de piedra y estaban iluminadas por antorchas. El techo estaba cubierto por cenizas y el suelo estaba teñido de rojo. Después de caminar unos cuantos minutos, se encontró frente a una puerta con la siguiente inscripción:

"LA VERDAD DUELE
LA VERDAD TE HARÁ LIBRE
AMAR DUELE,

EL AMOR TE HARÁ ETERNO".

La Reina no entendió muy bien estas palabras, pero eso ya no importaba, porque tenía la llave que abría dicha puerta.

— ¿Qué esconderá el Rey en este cuarto?

Cuando la puerta se abrió, ella pudo ver otro túnel un poco más pequeño. Éste estaba cubierto por signos de advertencia: "NO PASE", "PELIGRO". Después de caminar unos metros, se encontró dentro de una gran cámara con perlas, diamantes y muchos cofres. Todos estos tesoros se encontraban en el centro de la cámara, sobre una parrilla con fuego ardiente.

— ¿Por qué el rey tendría diamantes y oro a tan altas temperaturas? —antes de terminar la pregunta, en su mente escuchó una voz que le decía.

— La verdad a veces quema los ojos de los que la descubren. La verdad a veces duele mucho. La verdad puede matar a quien no está listo para recibirla.

La reina en su curiosidad, camino hacia la voz.

— ¡No te acerques si no quieres salir lastimada!

Escucho una vez más. Pero ella no le hizo caso a la advertencia, pues tenía curiosidad y quería conocer hasta el último de los secretos del rey.

En ese instante, desde la oscuridad de la cámara salió un dragón lanzando bolas de fuego por los aires y una de estas golpeó a la reina en el corazón.

La reina despavorida salió del lugar y corrió hasta su cuarto. Una vez allí, observó una quemadura que le deformaba el pecho. Aún sin poder contener el aliento por la agitación, grito de rabia para sus adentros.

En ese momento llegó el Rey alarmado por los gritos.

— ¿Qué pasó? —pregunto.

— ¡Yo no puedo estar en un castillo con un dragón en el sótano!

— ¿Cómo?

— Temo por mi vida. Yo me voy de este castillo. Buena suerte para ti y tu dragón.

Entonces, el rey agarró a la reina violentamente y la abrazó con mucha fuerza. La reina se resistió al principio, pero después sintió como sus quemaduras se sanaban y entonces dejó de pelear.

— Estas no son quemaduras normales. —Explicó el rey— Estas quemaduras son como el dolor que se siente al aceptar las realidades de la vida. Estas quemaduras solo sanan con aceptación y amor.

— Nunca más quiero ser quemada por ese dragón. — contestó la reina.

El rey examino las llaves que tenía la reina y extrajo aquella de color sangre.

— Cuando entiendas de corazón la frase de la puerta (acerca de la verdad y del amor) entonces esta se abrirá sola y el fuego del dragón ya nunca más te quemará. Cuando eso pase, también podrás tomar los tesoros de la cueva sin ningún peligro. Estos tesoros son las realidades más hermosas de todos mis viajes y batallas.

La reina no supo qué pensar, pero no estaba lista para perder al rey. Entonces lo abrazó fuerte y decidió no pensar en nada más.

—***—

A la mañana siguiente, la Reina se despertó temprano y recordó al dragón. Observó su pecho y encontró una cicatriz pequeña. Cogió una almohada y despertó al rey con un almohadazo.

— ¡Mi amor!

— ¡¿Qué pasa?! —contestó el rey.

— ¡El dragón me dejó una cicatriz! — El Rey la vió y sonrió con ternura.

— Qué cicatriz tan bonita. Deberías estar feliz por ella

— ¿Cómo? esta cicatriz me está desfigurando el cuerpo. —se quejó la reina con un tono amoroso.

— Si bien es cierto que las verdades nos marcan, estas también nos hacen mejor de lo que somos. —luego abrazó a la reina muy fuerte y la acurrucó a su lado.

— Te voy a contar la historia de "la cueva del dragón".

Capítulo 11 —La cueva del dragón I

— La historia empieza muchísimo tiempo atrás, cuando yo aún era un aprendiz de caballero lleno de perspicacia y carente de inocencia. Me fascinaban los mundos extraños y las cosas complicadas. Imagínate cual sería mi fascinación la primera vez que vi a un dragón lanzallamas. "WAW".

Quería saber todo de ellos, así que me armé de valor y lo aceché por varios días.

Resulta que los dragones son criaturas muy intolerantes y con poca paciencia. Por lo general también tienen tesoros muy grandes en forma de piedras preciosas incandescentes. Ellos se esconden en cuevas, pues saben que pueden hacer mucho daño si se lo proponen, y también para que no los molesten.

Un día me adentré en la cueva de un dragón con mucho sigilo, pues quería parte de su tesoro. Cuando llegué al centro de la cueva pude ver una gran pila de diamantes y rubíes, todos en llamas. Fije mi objetivo en un rubí gigantesco y me dispuse a tomarlo, pero antes de siquiera rozarlo con los dedos, escuché la voz del dragón que me susurraba al oído con tono sarcástico.

— "¿Te crees capaz de aguantar el calor? ¡Vamos! toma la piedra que te quiero ver envuelto en llamas por un rato."

No estaba seguro si era una treta para medir mi osadía o si en serio terminaría envuelto en llamas, pero, de cualquier modo, el dragón me estaba permitiendo que tomara su rubí, así que me arme de valor y agarre la gema con mis manos. ¿Qué extraña sensación? Cuando tomé el rubí, mis manos no se quemaron. Por el contrario, el que se estaba quemándose era mi corazón. Sentí un dolor agonizante que me tumbó de bruces contra el suelo. Pude sentir claramente, como mi armadura se resquebrajaba en pedazos. Abrí mis manos y vi grabado en el rubí estas palabras:

"NO ERES EL CENTRO DEL UNIVERSO".

Entonces comprendí que el tesoro estaba formado por las crudas realidades de la vida. Que las piedras no eran otra cosa que las duras realidades que muchas veces me negué a aceptar... y por eso me quemaban por dentro.

— "Ya me divertiste, ahora lárgate. —dijo el dragón— Y no vuelvas a codiciar la verdad a menos que estés dispuesto a sufrirla. Estoy harto de personas con orgullos gigantescos que viven un mundo de fantasías y que además, se creen el centro del universo. ¡Vete niño inútil!"

En ese momento solté el rubí y me arrastré para alejarme de él y me incorpore sobre mis pies para salir de la cueva. Finalmente voltee para ver aquel gran tesoro incandescente por última vez. ¿Qué dura debe de ser la vida de un dragón? Ahora entiendo la razón de su fuerte temperamento y su indolencia ante las personas. Ellos tienen que vivir todo el tiempo con las crueles realidades de este mundo. No tienen tiempo para soñar.

Cuando pensé haber salido de la cueva, apareció un bufón vestido con muchos colores.

— "¿Está usted bien señor?, —preguntó el bufón.

— ¡Sí!, —respondí fingiendo compostura, como cualquier caballero respetable.

— Qué bueno saberlo

El bufón extendió su mano y me mostró el rubí que yo había dejado caer.

— El dragón me mandó a que le regale esto. Dijo que era un obsequio por la decencia de levantarte y largarte de su cueva dignamente".

Cuando vi el rubí en las manos del bufón, me quedé perplejo. La piedra incandescente no lo quemaba en lo absoluto.

— "¿Cómo haces que la piedra no te queme? —le pregunté.

— Bueno… —contestó el bufón— las verdades duelen, pero solo hasta que las aceptas. Entonces ya no te pueden hacer daño y se convierten en tesoros".

El bufón me entregó el rubí en las manos, pero este me quemó hasta las entrañas una vez más.

— "¡Ah!, —ahogue un grito de dolor mientras soltaba la piedra —Entiendo que NO soy el centro del universo, pero esta piedra me sigue quemando las entrañas.

— Esta verdad es dura… jajaja —se rio el bufón— Puede que lo entiendas con el cerebro, pero aún no aceptas esta verdad en tu corazón.

— ¿Y eso que quiere decir? ¿Qué tiene que hacer el corazón con entender algo?

— Es decir… has aceptado esta verdad como ciencia, pero no es parte de ti.

— Yo acepto de corazón que hay muchas personas en este mundo: Unos son bufones y otros son caballeros. Unos nacen con estrella y otros no.

— Entiende la realidad por un momento… NIÑO. — gritó el bufón enojado— Tú te crees más que yo, por ser un caballero de brillante armadura, pero no puedes sostener un simple rubí cuando te es dado en las manos. Tú miras a los demás desde la silla de los jueces y piensas que nadie está por encima de ti, salvo uno que otro a quien no puedes superar. Pero la realidad es otra. Bájate de tu nube... NIÑO. Existen miles de personas más sabias, más buenas y más interesantes que tú. ¡NO ERES TAN ESPECIAL!".

Entonces el bufón tomó el rubí del suelo y lo presiono contra mi pecho mientras dibujaba en su mirada una sonrisa siniestra.

— "¡NO ERES EL CENTRO DEL UNIVERSO!" — me gritó.

Sin capacidad de defenderme, cerré los ojos y agaché la cabeza. Sentí cómo mi armadura se desmoronaba en pedazos rápidamente.

Cuando volví en mí, estaba echado en el piso y ya no poseía armadura. Estaba literalmente desprotegido. El bufón me seguía observando desde una gran roca. Al principio me sentí indefenso ante la amenaza del bufón, pero cuando vi su rostro de nuevo, este había cambiado totalmente. Ahora, su rostro era alegre.

Después de calmar mis nervios un poco, sentí el rubí en mi mano derecha. Aún irradiaba luz como si estuviera a cientos de grados de temperatura, pero ya no me quemaba la mano.

— "¿Qué vas a hacer ahora con tu rubí? —preguntó el bufón.

— Me construiré un castillo.

— Pero para hacer un castillo necesitarás mucho más que un rubí.

— Es verdad. Así que no pienso irme hasta obtener todo el tesoro del dragón. Aunque me cueste la vida.

— Y sin duda te costara la vida, pues cuando logres obtener todas las gemas, tendrás tantas cicatrices que no te reconocerás a ti mismo.

— Bufón. Escucha mis palabras. Yo obtendré ese tesoro. Domare al dragón y construiré mi castillo sobre esta cueva".

Capítulo 12 —La cueva del Dragón II

— Hay empezó mi larga y dura lucha por obtener el tesoro del dragón. Muchas veces salí quemado y agonizante de esa cueva, otras no tan quemado. Algunas gemas son fáciles de obtener, otras son simplemente incomprensibles. Gracias a Dios siempre tuve al bufón a mi lado, de no ser por él, no habría podido cumplir mis objetivos. Algunas veces, pensé que el bufón deseaba que obtuviera el tesoro, pero otras parecía que solo me alentaba a quemarme. ¿Quizás disfrutaba verme quemándome?

Cada gema que obtenía era destinada a la construcción de mi castillo. Al principio el dragón se opuso, pero después de terminados los cimientos, terminó haciéndose a la idea que tendría un vecino viviendo en su azotea. Cualquiera pensaría que la labor constante vence lo imposible, pero se requiere más que labor para domar a un dragón. Construir este castillo hizo que se consumiera todo dentro de mí.

Si te lo pones a pensar, muchos cuentos de hadas nos enseñan que todo es posible si lo deseas lo suficiente y luchas por ello. Lo que estas historias no nos advierten, es que muchos enloquecen o pierden su objetivo al cruzar la meta. Entonces la pregunta es:

"Si llegas a la meta final, pero terminas perdiendo tu esencia en el camino... ¿Valió la pena?"

Algo así me pasó con la cueva del Dragón. Para poder resistir su fuego, tuve que endurecerme muchísimo. Para cuando terminé de colectar todo el tesoro, mi corazón se había convertido en una piedra negra. Yo seguía siendo una persona muy noble, pero completamente indolente. Había adquirido conocimientos más allá de la imaginación humana, pero había perdido la capacidad de amar. Es decir, perdí mi humanidad.

El bufón ya me había advertido que, si trataba de obtener todas las gemas, el fuego y las quemaduras me dejarían desfigurado... y así fue. Una sobre otra se fue endureciendo cada una de mis cicatrices hasta convertirse en una gran armadura..., dura y tosca.

Cuando finalmente terminé mi castillo, estaba tan contento conmigo mismo que hasta arme un gran alboroto. Ese día, escribí esto:

¡Hoy terminé mi castillo!

A la musa de ayer y hoy.
La que murió alguna vez

pero que hoy resucitó...
en mi mente

Ella que un día no escucho mis cuentos,
ni se sentó a leer mis versos.
Ella que un día se topó con la realidad
¡Se levantó, dejó de soñar y se fue!

Devuélveme tu hermosura,
tu ternura y tus oídos.
Devuélveme esa inocencia.
Pídeme que te recite un poema
que le dé sentido a mi esencia
para que una vez más me pierda;
y tu mundo sea para mí

¡Hoy terminé mi castillo!
Para cuidarte de la realidad
y que puedas volver a soñar
Para que crezcan nuestros hijos

No podía verlo aún, pero mi esencia había cambiado y mi corazón seco y endurecido clamaba a gritos que lo amaran. Pero ¿Cómo amar a una persona tosca que casi no siente?

Después de terminar mi castillo pensé: ¿Alguna damisela se fijará mí?, pero ¿Quién se acercará a un castillo sabiendo que debajo habita un dragón? Es más, algunas damas tocaron mi puerta, pero tan pronto como escucharon al dragón, huyeron. Después, pasaron los años y me canse de esperar. Mi armadura se empezó a oxidar y terminé arrodillado ante mi espada; convertido en una estatua con muchos candados. Fue entonces cuando tú llegaste.

La reina se quedó viendo al rey con cara de asombro y a la vez de ternura.

— Sin duda, has sufrido muchísimo —dijo la reina.

— Así es —contestó el rey—, pero al final tú me encontraste y me salvaste.

Capítulo 13 —El castillo de dos colores

Todos esperaban que el castillo brille aún más, pero esto no sucedió. A decir verdad, el castillo brillaba cada vez menos. Lo que antes era un blanco radiante, ahora solo era un resplandor de blanco y violeta. Los primeros en notar el cambio fueron el Caballero y el Psicólogo.

— Cualquiera pensaría que más energía vital y más amor serían suficientes para iluminar este castillo hasta cubrir el horizonte —dijo el Caballero.

— Yo también lo pensé así, —dijo el Psicólogo— pero al parecer se necesita más que eso. Ahora que lo mencionas, quiero hacerte una pregunta.

— Te escucho.

— ¿Cuál es la diferencia entre una pareja de novios que viven juntos y una pareja de esposos?

— Pues...si es que las dos parejas viven juntas, la única diferencia es el contrato matrimonial.

— Es verdad..., pero el contrato matrimonial, junto con la boda, simbolizan la promesa de estar juntos a pesar de los problemas y de los fracasos. Los novios pueden vivir juntos, pero nunca estarán atados a los problemas y los fracasos del otro, por mucho que se lo juren.

Por otro lado, los esposos se comparten todos sus defectos y sus fracasos. Los esposos saben que, por mucho que peleen, no pueden romper su promesa... sea por decisión propia o por presión familiar. Este fenómeno crea algo interesante.

"Las personas casadas tienen la oportunidad de amar a su cónyuge por sus defectos". Ahora permítame que te haga otra pregunta...

— Me imagino que esta pregunta también es retórica (Es decir, que ya sabes la respuesta).

— Así es, ¿Qué une a las parejas más que un contrato matrimonial?

— Pues, tendría que ser algo más fuerte que sus propias voluntades o la presión de sus familias juntas.

— Así es. Existe algo más fuerte que un contrato matrimonial y son los hijos. Los hijos son la materialización y la fusión de dos personas. Es juntar la esencia vital de dos personas para formar un nuevo ser. Biológicamente, un hijo es la consecuencia fisiológica de la unión espiritual.

"Por tanto, dejará el hombre a su padre y a su madre, y se unirá a su mujer, y serán una sola carne". (Gen 2:24)

— Nunca lo había pensado así, pero ¿Qué tienen que ver el matrimonio y los hijos con el resplandor del castillo?

— Todo. El castillo emana luces blancas y violetas, porque el niño y la niña no pueden dejar sus individualidades. Por mucho que se amen y se complementen, ese mismo amor ha impedido que se muestren tal y como son…, en la peor de sus actitudes.

— Pensé que evitar peleas era algo sumamente saludable en una relación.

— No necesariamente. Te explico. El Rey sabe que la Reina se enoja fácilmente, así que tiene miedo de explotar de coraje con ella, porque sabe que no tiene un contrato o hijo que los ate.

— En otras palabras, si el rey explota, teme que la Reina lo deje.

— Exacto. De la misma manera, la Reina sabe que hay una parte del castillo al que no se le permite entrar; porque es muy peligrosa. Esto de cualquier manera le crea una gran desconfianza, así que no se permite quedar vulnerable por largos periodos de tiempo.

— Es decir que el castillo brilla de dos colores, porque el rey y la reina aún no se han mostrado en sus peores momentos, lo que a su vez no permite que se amen en su totalidad.

— ¡Correcto!

— Pero seguramente existirá algo que podamos hacer, para que el castillo sea uno solo y brille más que antes. Algo se nos ocurrirá...

— Me temo que esto ya no depende de nosotros o del rey. Esto ya solo depende de la Reina.

— Pero... ¿Por qué solo depende de ella?

— Todos los contratos matrimoniales tienen una cláusula: "El juramento de estar con la persona amada en las buenas y en las malas". Esto es amarse aún mucho después de ya no quererse. Es lo que se llama: "INCONDICIONALIDAD".

— Si la reina se enoja con el rey, él se traga su tristeza y le da amor a la Reina. Por otro lado, si el Rey se enoja con la Reina, ella amenaza con irse, o de plano se va.

— Por eso el castillo tiene dos colores. No solo eso, la luz blanca del Rey cada vez ilumina menos.

Capítulo 14 —Viaje en el tiempo

Un día, el niño y la niña se levantaron con un poco de nostalgia, como si después de mucho disfrutar de la vida, sus cuerpos les exigieran volver a casa. Ellos habían pasado bastante tiempo junto y poco a poco sus actividades preferidas se convertían en monótonas. El niño se había dado cuenta de esto y esta situación lo ponía bastante intranquilo. La primera vez que el castillo perdió su brillo, la niña se fue. Ahora que el castillo tenía dos colores, su brillo se estaba opacando de nuevo. No porque su luz se apagara, sino porque la luz de la reina que opacaba la suya. Es decir, ella no estaba dispuesta a perder su individualidad y prefería tener sus opciones abiertas.

— ¿Qué nos está pasando? —se preguntó.

Pensó muchísimo, pero cada vez que veía su futuro se ponía más triste. Se imaginó un futuro donde cada vez tenía menos cosas que ofrecerle, menos platos diferentes que probar y menos películas que ver. De pronto, aquello que de joven le quitaba el aliento, ahora ya no le proporcionaba la más ligera sonrisa.

Alguna vez pensó que para querer algo por siempre, lo mejor era nunca conocerlo por completo... y tenía razón hasta cierto punto. Pero aún el agua solo tiene tres estados y la música siete notas... y... sus combinaciones, aunque extensas, tampoco son infinitas, y... el mundo se complica, pero al complicarse uno se aleja de la sencillez... y... la sencillez ya es conocida...y... a la niña ya la conocía de pies a cabeza; sus limitaciones, sus alegrías y sus penas y... le asustó pensar que la reina se hubiera convertido en un ente conocido y carente de magia.

— El tiempo para conocernos se ha terminado —sentenció el niño, mientras lo apoderaba el miedo.

Pensó mil veces, pero después de verse al espejo, se imaginó adulto e imponente, lleno de trofeos de batallas, con una hermosa Reina y una corona, pero... La corona... La corona no era de su primera batalla ganada, sino la veinteava. Y su reina... Su reina no estaba contenta, sino más bien resentida. A ella ya no le entusiasmaba casi nada y... el bufón El bufón ya no la alegraba.

Cuando se miró al espejo de nuevo, se vio viejo y lleno de años; Con un castillo resplandeciente y una reina que aún quería ser tratada como una princesa. Finalmente se vio caer de rodillas... cansado.

— Conquistar es lindo, amar es sublime y ganar batallas es fantástico, pero... no puedo conquistar a quien conoce todos mis trucos, ni amar a quien siempre espera que yo ame primero, ni pelear solo porque es divertido.

El niño sabía perfectamente el problema que lo afligía. Este problema tenía nombre... y se llamaba TIEMPO.

Esa noche se disfrazó de aldeano y bajó al pueblo a observar el futuro. Caminó por las calles y miró por las ventanas de las casas. Su plan era ver la interacción de las parejas casadas. Especialmente las parejas con más antigüedad que él. El rey tenía la esperanza de encontrar la llave para la felicidad eterna (no sólo larga, sino eterna).

Después de observar algunas familias, el rey vio que algunas parejas sencillamente no eran felices, pero se mantenían juntas porque, a pesar de ser diferentes y a pesar de no entenderse, ellos compartían algo en común. Quizás ya no se amaban, pero amaban su trabajo o sus hijos. Más aún, los hijos tenían la magia de poder contagiarles la alegría a sus padres. Cuan feliz podían ser al probar algo tan simple como un caramelo por primera vez. Algo que para él y la reina ya no tenía ningún valor.

Después, el rey se imaginó 5, 10, 20, 40 años en el futuro, y no soporto el hecho de no tener hijos. ¿Quién cuidará de mi castillo? ¿Quién jugará en sus cuartos cuando yo ya no pueda más? ¿Quién jugara conmigo?

Entonces se imaginó a un pequeño ser corriendo por los patios, entrando en cada cuarto y fascinándose por las cosas más sencillas del mundo porque, de pronto, todo le era nuevo. El rey sonrió por un momento y sintió que había encontrado la respuesta. Un hijo podría devolverle la vida a él, al castillo y a la reina. Nada tendría que mantenerse igual. Todo podría cambiar con el pasar del tiempo, sin que nada nunca vuelva a ser monótono. Él podría volver a ver el mundo a través de los ojos de sus hijos. El castillo nunca más perdería su luz. Y su amada reina, encontraría alegría y felicidad. Entonces, volvió a imaginarse su futuro. Se vio luchando grandes batallas y ganando muchos trofeos para su reina y sus hijos. Después se vio creando cuartos para su reina, sus hijos y él. Una vez más en su vida, todo tenía sentido.

Capítulo 15 —Dos opciones

La tarde del día siguiente, el niño permanecía en el parque solo, contemplando los espacios verdes, como si dibujara proyectos en su mente. Una hora más tarde, estaba en la biblioteca, contemplando los libros que alguna vez leyó. En la siguiente hora, estaba en la cueva junto al dragón, observando el tesoro y las inscripciones en las gemas preciosas. El dragón no sabía lo que pasaba, así que solo se limitó a mirarlo. Todo parecía cobrar sentido de pronto. El caballero, el bufón y el psicólogo no estaban a la vista porque el rey no los necesitaba.

El rey había encontrado la solución para el castillo de dos colores, pero también sabía que no podría solucionarlo solo; no sin el consentimiento de la reina. Miró las llaves del reino en sus bolsillos.

— ¿Qué estará pensando la reina?

***

Al caer la tarde, la niña encontró al niño sentado en el parque. Al verlo pensativo supo que algo pasaba, así que se dispuso a acompañarlo.

— ¿Qué tienes mi rey?

— Me pregunto ¿Qué será de nosotros en el futuro? ¿Hasta cuándo nos durará la luna de miel? ¿Qué pasará cuando se termine el camino de alegría que hemos escogido?

— Bueno... yo también me lo he preguntado y la verdad es que me aterra pensar que un día me dejes. Por otro lado, tampoco sé cómo sería un futuro contigo. Verás, las cosas que nos unen, cada vez son menos.

Tras estas palabras hubo un gran silencio.

— Hace unos días el dragón me quemó. —dijo ella— Tiempo atrás mi ira hirió tus sentimientos. He visto tantas parejas fracasar —suspiró—. Por mucho que queramos, no sé hasta qué punto podamos vivir juntos sin hacernos daño mutuamente. Temo que después de muchas peleas el amor se termine y solo quede resentimiento. No podría vivir así con nadie.

— El amor no tiene que morirse, —contestó el niño— pero el amor siempre puede cambiar. El amor cambia; el amor siempre cambia.

No te quiero preguntar si me amas, pues llegarán días que no me ames. Pero ahora te pregunto: ¿Me quieres amar?

— ... —la niña no supo qué decir en ese momento.

— Si me quieres amar aún después que el amor termine, entonces nunca nos separaremos. El tiempo es cruel, la vida es dura y la realidad...

— La realidad mata la ilusión —interrumpió la niña— y el tiempo solo hará que nos enfrentemos a ella. Nuestras diferencias terminarán matándonos mutuamente.

— Pero aún la ilusión puede ser eterna si... ¿Quieres amarme?

— Tengo mucho miedo de ser lastimada. No sé si lo pueda superar otra vez.

— ... — el niño calló y agachó la cabeza, pues su pregunta casi había sido contestada y la respuesta era "no".

— Me has enseñado muchísimas cosas y te lo agradezco — dijo la niña— pero no sé si podamos estar juntos sin terminarnos destruyendo uno al otro. Recuerda lo que dijo el caballero...

"Puedes jugar con el niño todo lo que quieras, pero ya no puedes quedarte en el castillo, o este dejará de brillar"
Temo lastimarte más de lo que ya te he lastimado y temo que me lastimes. Temo que nos hagamos daño sin querer. Temo destruir lo que tenemos... y perdernos.

— Yo quiero amarte —dijo el niño—. No sé si quieras amarme, pero yo si quiero hacerlo.

— No es que no quiera... tengo miedo de hacerlo. Tú crees que eres fácil de amar, pero en realidad tú mismo te escondes en una cueva.

Te escondes en una cueva y hasta le das forma de castillo. Dices que tu castillo está abierto a todos, pero sus puertas tienen cerrojos. ¿Cómo podré saber tus verdaderos sentimientos, si te escondes detrás de un caballero, un bufón y un psicólogo? Dices que has terminado un castillo para que crezcan nuestros hijos (lo mencionaste en un poema), pero al final solamente has logrado embellecer una enorme cueva. Jamás tendría hijos, sabiendo que debajo de sus cunas habita un dragón. No podría.

Después que la niña pronunciara estas palabras, el niño pensó por un instante en lo que estaba a punto de decir.

— Entonces no te enamoraste de mí sino de ti cuando estás conmigo.

Mi cueva y mi dragón te asustan. Mi castillo no es el indicado. Mi reino no es el indicado. Si no lo quieres aceptar como son, entonces no eres para mí.

"LA VERDAD TE HARÁ LIBRE, EL AMOR TE HARÁ ETERNO".

Solo se aprende a amar a través del sufrimiento y si no estás dispuesta a sufrir voluntariamente por alguien, jamás sabrás lo que es amar. Mientras que el fuego del dragón te queme, este castillo jamás será tu hogar. Mientras que el dragón te de miedo, no eres para mí.

El rey salió por la puerta y caminó hasta llegar al balcón. Entonces respiró hondo y miró las luces que se iluminaban en el pueblo. Cerró los ojos y pensó profundamente en las parejas y familias que encontró durante su viaje al pueblo.

— Ah —suspiró el rey— ¿Cuánto desearía tener un hijo? Cuánto desearía poder crear cuartos para él y que en algún momento él también pueda crear sus propios cuartos.

El rey estaba en una encrucijada. Su primera opción era pedir disculpas por lo dicho y pintar un paraíso de colores inexistente. Entonces viviría una luna de miel que no duraría mucho y posiblemente terminaría peor. Su segunda opción era dejar a la niña y buscar a la que sería madre de sus hijos. Una mujer que lo acepte tal y como era, con dragón y todo.

Lo pensó muchísimo y por un momento lo invadió el miedo. Él tenía pánico a estar solo de nuevo. Como la vez que casi muere y su armadura se oxidó hasta convertirse en piedra. Ya había estado solo por años y no quería pasar por eso de nuevo.

Una vez más se imaginó a sí mismo en cinco años... con la niña... sin hijos. Se imaginó en diez años después... sin hijos. Después quince... Después veinte. Entonces la realidad lo golpeó bruscamente y finalmente terminó matando su ilusión.

— ¡Caballero! El futuro de tu Rey está en peligro.

— ¿Cómo? No entiendo—dijo el caballero.

— hay que buscar a una reina

— No entiendo mi Rey. ¿Quiere darse a la tarea de buscar a otra niña? Eso será imposible.

— No me has entendido. No busco a una niña para que juegue conmigo. Mi tiempo para jugar ya terminó. Necesito a una Reina que cuide de mí y de mis futuros hijos. Ya no necesito a alguien que sea mi compañera, necesito alguien que sea una buena madre. No te preocupes por mí, ni por el castillo. Cuando nazca mi primer hijo, el castillo se volverá a llenar de colores.

Al decir estas últimas palabras, el niño rompió en llanto, pues aún amaba a la niña con todas sus fuerzas. Esa noche el Rey les dijo a todos sus sirvientes que cierren el castillo y desaparezcan. Antes de la media noche. El castillo se cubrió con una bruma negra y todos los sirvientes se fueron.

TERCERA PARTE

"La manera en que ves las cosas, cambia las cosas que ves"

—Dr. Dwyer.

Capítulo 16 —La niña

Sus caminos finalmente se habían separado.

Por primera vez, la niña sintió que su discusión con el rey ya no tenía arreglo. El rey quería un hijo, pero ella ya conocía muy bien las realidades de la vida. Ya había pasado por muchos castillos antes que éste y sabía que un hijo representaba toda una vida. Un hijo era algo mucho más fuerte que tener un reinado y no estaba dispuesta a procrear con alguien cuyo castillo estaba fundado sobre la cueva de un dragón. Cualquier poeta o soñador la habría juzgado por su decisión, pero ella había visto demasiados castillos en ruinas por causa de dragones sin control. En aquellos castillos destrozados, los que más sufrían eran los príncipes y princesas.

— Crecer sin un hogar es el peor castigo del mundo —pensó.

Cuando los novios se casan, se prometen amor eterno y esto es muy romántico, pero... solo es una de muchas palabras abstractas y difíciles de explicar. Los esposos también se prometen: "estar en las buenas y en las malas", lo cual es loable, pero demanda mucha madurez.

Ayudar y animar a tu cónyuge cuando está herido es obligación de los esposos y también es el fundamento de la familia, pero... mostrarle a tu cónyuge solamente el lado alegre y nunca el lado triste o vulnerable es tan ruin como solo estar con él en las buenas y nunca en las malas. Una persona que solo muestra su lado bueno todo el tiempo, no es una persona de fiar. Es como un niño cuyo castillo está fundado sobre la cueva de un dragón.

Después de esto ya no quiso pensar más. Aún amaba al niño lo suficiente como para que todo este pleito le perfore el alma de un lado al otro.

Capítulo 17 —El Paseo del Dragón I

El castillo había cerrado sus puertas indefinidamente. Las personas en el pueblo aún estaban desconcertadas. De un momento a otro, ya no podían visitar al bufón o la biblioteca o el parque.

— ¿Qué habría pasado con el rey?

¿Qué pasó con el castillo de luz?

¿Qué pasó con la reina?

Pasaron los días y las compras del mercado se redujeron a unos cuantos víveres porque los únicos que aún vivían allí, eran: el caballero, el bufón y el rey. Todos los demás sirvientes habían desaparecido. De lejos, el castillo parecía frío y tenebroso. En las noches más silenciosas se podía escuchar al niño gimiendo de pena y dolor; le habían pasado demasiadas cosas al mismo tiempo. Se sentía como si todo su futuro se hubiera hecho pedazos ante sus ojos. En algún momento pasado, habría soñado con tener un heredero al trono y una niña con quien compartir su mundo y envejecer, pero eso ya no pasaría jamás.

— ¿Para qué me esforcé tanto en construir un castillo? ¡Dímelo caballero!, ¡Dímelo bufón! denle sentido a esta angustia. ¿Quién soy ahora? ¿Cuál es mi razón de existir?

— Mi razón de existir es protegerlo y cuidarlo de la realidad, —dijo el caballero— existe mucha gente malvada en este mundo.

— Mi razón de existir es protegerlo y cuidarlo de la realidad —dijo el bufón—existen verdades amargas.

— Y se supone que mi razón de existir es proteger este castillo, —dijo el niño— pero... ¿De qué me sirve? ¿Para qué sirve la inocencia si he de estar solo? ¿Para qué quiero un futuro, si no tengo con quien compartirlo? ¿Qué es el paraíso, si estoy solo?

Aun Dios en su soledad creó al hombre para poder ver los cielos a través de ojos mortales. Entonces, ¿Para qué quiero un castillo, si no tengo la mirada atónita de un sucesor?

Cuando el niño terminó de decir estas palabras, el ala izquierda del castillo se desmoronó en un estrepitoso estruendo; y junto con ella, los cuartos de: pintura, origami y masajes. A pesar de la catástrofe, el niño ni siquiera se inmuto. Al final, ya no le importaba si el castillo se derrumbaba o no. Él simplemente quería dormir con la esperanza de ya no despertar. Agachó su cabeza, encogió sus hombros y se alejó del cuarto lentamente.

— A este paso el castillo no resistirá mucho —dijo el bufón preocupado—. ¡Caballero!, ¿Aún no encuentras una mujer que cumpla con las características de "madre"?

— No. —contestó el caballero.

Acto seguido, se escucharon unos pasos. Era el Psicólogo real, que había vuelto.

— ¡Caballero! — gritó el Psicólogo— ya no busques doncellas.

— ¿De qué estás hablando? Mi rey necesita compañía.

— Compañía... es lo que lo ha llevado a este estado.

— ¡Cómo te atreves a decir eso! —refutó el caballero— Mi deber es acompañarlo y protegerlo... el deber del bufón e incluso el tuyo es estar junto a él. El deber de todos sus súbditos es acompañarlo. Todos nosotros tenemos una razón de ser gracias a él. Gracias al corazón puro de nuestro amado rey. Mismo corazón que hoy está afligido por la soledad y la necesidad de un futuro. Mi deber como su guardián y amigo es: encontrar a otra niña que sea digna de él, para así todos poder tener un futuro próspero y no desaparecer en el tiempo.

— Cuando me alejé del reino, —dijo el Psicólogo— fui en busca de soluciones viables para nuestro problema y después de mucho estudiar, pude entender que nosotros mismos éramos el problema.

— Explícate mejor psicólogo, —dijo el bufón— aunque no creo que tu solución sea viable ni mucho menos cuerda. Si el rey se deshace de nosotros, de cierto morirá.

— Después de hoy, todo tendrá sentido. Mi plan para restaurar el orden ya comenzó, así que me retiro. Todo será explicado a su debido tiempo.

El psicólogo no esperó a que surgieran preguntas y se marchó rápidamente.

— Confío en el psicólogo, —dijo el Bufón— pero me intriga que dijera que nosotros éramos el problema, es decir todos nosotros y me asusta la extensión de sus conclusiones.

Apenas el bufón terminó de pronunciar esta frase, se escuchó un enorme estruendo desde el sótano.

— ¡EL DRAGÓN! —gritaron al unísono.

Capítulo 18 —El Paseo del dragón II

De un momento a otro, la situación se había vuelto peligrosa, así que el caballero pensó en un plan rápidamente.

— Bufón, —dijo el caballero— ve a la cueva del dragón e investiga qué es lo que ocurrió. Sus llamas no te harán daño. Yo, por mi lado, iré a buscar al niño para protegerlo.

Los dos dividieron sus caminos y salieron corriendo. El bufón, al ser más veloz y ligero, pudo alcanzar su destino más pronto. Cuando llegó a la cueva, le entró un susto espantoso. La puerta de la cueva había sido totalmente destruida y lo que es peor, el tesoro real ya no estaba. Solo quedaba un espacio vacío, frío y sin iluminación. Además, la parte posterior de la cueva había colapsado en una gran pila de escombros. Al ver esto, el bufón pensó seriamente en las palabras del psicólogo, pero sin llegar a ninguna conclusión. Después de unos segundos pudo reaccionar de nuevo, se dio la vuelta y se echó a correr en busca del caballero.

Cuando llegó a la sala real, escuchó estruendos que provenían de la terraza. El bufón corrió con todas sus fuerzas y a los pocos minutos logró llegar. Ante sus ojos, la vista era espantosa. El caballero estaba abrazando al niño con todas sus fuerzas, mientras que el dragón los envolvía en llamas con su aliento de fuego.

— ¡Detente! —grito el bufón.

Al oír esto, el dragón detuvo sus llamas por un instante y miró al bufón directamente a los ojos. El bufón quedó paralizado de pies a cabeza. La parálisis le duró poco, pero su mirada fue fulminante. El Bufón y la bestia se conocían casi desde siempre, así que una mirada bastó para que el dragón le revelara sus intenciones. Entonces, el bufón bajó la mirada y colapsó de rodillas. Impotente ante la situación, finalmente había entendido el plan del psicólogo. Ellos en verdad eran el problema.

El Dragón volvió su atención al caballero, quien aprovechando la distracción y logró resguardar al niño por detrás de una mesa de piedra.

— ¡Mi Rey!, huya de aquí mientras yo distraigo al dragón. — grito, pero el niño no reaccionaba; solo permanecía recostado sin fuerzas.

— ¡Arrrrg! —vociferó el dragón— tu armadura no puede detenerme. Tu armadura es blanda. Ya no brilla como la primera vez que la forjé para ti. Has perdido tu propósito caballerito. Tu trabajo no es buscar damiselas ni mucho menos convencerlas para que se queden en tu castillo; y peor hacerles mandados. ¡Déjame recordarte tu verdadero propósito con un poco de fuego!

Tanto el dragón, como el bufón, dibujaron en sus rostros una mirada seria.

El dragón desplegó sus alas y las agitó hasta levantar vuelo. Una vez en el aire, gritó a gran voz.

— ¡Que vengan mis reliquias!

Cientos de diamantes y piedras preciosas se elevaron por los aires y rodearon al dragón, como suspendidas por una fuerza mayor.

— ¡Caballero!, hoy te haré recordar el fuego que quema de adentro hacia afuera.

— El dragón cogió un diamante con su mano y examinó la piedra.

— Este será el principio del fin— murmuró para sí— ¡Caballero! antes de matarte, quiero que sepas bien porque pierdes esta batalla. Escucha… ¡Tú armadura se fortalece en convicciones!... Pero tus convicciones están mal.

El dragón se tragó el diamante que tenía en su mano, para luego escupirlo como una bola de fuego. ¡BANG!, se escuchó un sonido.

"NO EXISTE EL CAMINO A LA FELICIDAD, LA FELICIDAD ES EL CAMINO."

El caballero logró bloquear el proyectil con su escudo, pero la piedra incandescente estalló contra el metal de sus pies, destrozando sus zapatos. El dragón tomó otra gema y disparó una vez más. ¡BANG!

"NO LE TEMAS A LOS CONFLICTOS, PORQUE ESTOS TE OBLIGAN A BUSCAR SOLUCIONES RÁPIDAS".

El caballero logró bloquear el ataque con su escudo, pero el escudo mismo se prendió en llamas, así que tuvo que tirarlo en el suelo. A los pocos segundos, el escudo se desintegró.

El caballero estaba sumamente preocupado pues no hallaba manera de solucionar esta situación. Sin el escudo, no podría proteger al niño y para colmo de males el bufón no parecía reaccionar; solo se limitaba a observarlo.

Por primera vez en mucho tiempo, el caballero se sentía abandonado por sus seres amados. A pesar de todo, no agachó la cabeza, cogió la espada con sus dos manos y, lleno de valor, trató de buscar una forma de atacar. Entonces el dragón tomó otra gema y reanudó su ataque desde el aire.

— ¡Mi Rey!, ¡Reaccione! Huya de aquí mientras distraigo al dragón porque estoy perdiendo y el próximo en morir será usted.

Capítulo 19 —El Paseo del dragón III

El caballero estaba desesperado. El niño no reaccionaba. Solo murmuraba para sí mismo: ¿Ya que razón tengo para luchar? ¿Qué objeto tiene conservar un castillo?

— ¡Reaccione mi Rey!, o todos moriremos. —gritaba el caballero desesperadamente.

El dragón tomó tres gemas y las tragó, para así escupirlas en sucesión. ¡BANG!

"NO ERES EL CENTRO DEL UNIVERSO"

El caballero logró bloquear la primera bala con su espada.

"RÍE Y EL MUNDO REIRÁ CONTIGO. LLORA Y LLORARAS SOLO."

Con otro giro de la espada logró bloquear el segundo tiro.

"A NADIE LE IMPORTAN TUS SUEÑOS MÁS QUE A TI MISMO."

Esta última gema golpeó es sus brazos con tal violencia que su espada salió volando por los aires. Ahora se encontraba totalmente desarmado, agotado y casi de rodillas por todos los impactos recibidos.

Finalmente, el dragón descendió al nivel del suelo y observó al caballero fijamente a los ojos. Caminó lentamente hacia él, como cuando un predador camina hacia su presa herida de muerte.

— ¡Caballero!, ¿Dónde quedó tu sabiduría? ¡Has perdido tu propósito! Tu armadura se ha vuelto pesada y sin brillo. ¿Qué le pasó a tu armadura?

Cuando yo te la forjé, ésta irradiaba luz. Acuérdate. ¿O acaso tu propósito es buscar damiselas y complacer princesas?

El dragón cogió una amatista y la puso en su boca. ¡BANG!

"NO PUEDES HACER QUE NADIE HAGA NADA, A MENOS QUE SIEMBRES EN ESA PERSONA EL DESEO DE HACERLO"

Esta última bola de fuego golpeó al caballero en el pecho tan fuerte, que le partió su armadura en pedazos.

El caballero se desplomaba en el suelo. Mientras tanto, el dragón seguía caminando lentamente, hasta posar sus garras y pies sobre su cuerpo lacerado y sin armadura, inmovilizándolo por completo.

— A las Reinas no se las busca —dijo el dragón—. Solo se les crea castillos para que ellas vengas solas. Y, si después de venir, ellas quieren marcharse por algún motivo... no las retengas o jamás te valoraran. Nunca le cortes las alas a una mujer.

El dragón fijó la mirada en el niño, quien yacía recostado a pocos metros. El bufón tuvo miedo por un instante y corrió hacia el niño, para protegerlo con su cuerpo.

Al ver al bufón, el dragón le sonrió, como quien le sonríe a un viejo amigo. Entonces agarró una gema que estaba cerca y la aventó al bufón como para que el la atrapara. El bufón la detuvo con la mano para leer lo que decía:

"LAS PERSONAS NO SE ALEJAN, SIMPLEMENTE SIGUEN SU CAMINO POR LA VIDA."

Al tomar la gema, el bufón finalmente comprendió que el camino de la niña solamente pasaba por aquí, pero que quizás este castillo no era su destino final. Quizás, fue por esto que el rey y ella tuvieron tantos problemas. Más, por el contrario, fueron el caballero y el mismo bufón los que perpetuaron esta relación casi insostenible.

— ¡Su alteza!, levántese. Usted tiene que saber esto—dijo el bufón.

El niño alzó su cabeza y por fin observó lo que estaba pasando. Fue entonces cuando logró ver al bufón, al dragón y también al caballero casi sin armadura agonizando de dolor. Justo en ese momento, el dragón tomó una última gema y apuntó sus fauces a la cabeza del caballero.

— ¡NOOOO!, gritó el niño con todas sus fuerzas, pero ya era demasiado tarde.

El niño y el bufón vieron la última bola de fuego, como si todo pasara en cámara lenta.

"ES IMPOSIBLE ENTREGARTE A TUS SUEÑOS POR COMPLETO, SI LE PONES ESCUDOS A TU CORAZÓN"

El cuerpo del caballero se cubrió en llamas hasta desintegrarse por completo.

Capítulo 20 —El Paseo del dragón IV

Mientras el niño lloraba la muerte del caballero, el bufón se acercó al dragón para confrontarlo.

— ¡Qué has hecho!, no tenías que matarlo —gritó el bufón lleno de furia.

— Sabes que sí. —dijo el dragón— Sabes que tengo razón.

— O... tal vez... ¡No tienes razón!... y simplemente el niño muera... y tengamos que volver tú y yo a una cueva oscura, con un tesoro que todos admiran, pero que nadie quiere.

— Puede ser... pero tampoco puedo ignorar las cosas que pasan en este castillo, esconderme de la realidad y esperar "Feliz" a que el castillo se desmorone sobre mí.

¡Ve! y reconstruye el ala izquierda del castillo entonces. ¿Acaso tú lo puedes hacer?

Aún si encontraras a una damisela mañana, ella no vendría a un castillo tenebroso y abandonado como este; y eso suponiendo que la solución fuera esa y sabes que no es así.

— Y... ¿Cuál es la solución? —preguntó el niño con un hilo de voz— ¡Dime! ¡¿Cuál es la solución?! —gritó el niño con lágrimas en sus ojos— ¡Dímela Dragón! —gritó el niño una vez más, mientras sus ojos se iluminaban como bolas de fuego.

¡Dímelo!,

"Si no hay camino a la felicidad y la felicidad es el camino" ¿Cuál es la solución? ¿Cuál es el camino a esa felicidad?

El niño se levantó del suelo y empezó a caminar hacia el dragón.

— ¡Grítalo! ¡Que no escucho!, "la manera de ver las cosas, cambia las cosas que ves", entonces... ¿De qué manera las veo? ¿Qué perspectiva uso?

El rostro del niño empezó a irradiar luz.

— ¡Hazte escuchar! dragón sabio ¡No le temas a los conflictos!, acaso no te obligan a buscar soluciones rápidas.

El dragón retrocedió un poco. Jamás había visto al niño en este estado.

— ¡Contesta!, ¡Si no soy el centro del universo!, ¿Cómo soluciono ésta tristeza?

¡Si el mundo no gira a mí alrededor!... entonces ¡¿Qué hago dragón?!

Para entonces, todo el cuerpo del niño irradiaba luz.

— Dijiste que el mundo reiría conmigo si yo reía con él, más ¡Seguí tu consejo y hoy me encuentro solo!

El niño se detuvo frente al dragón por un momento y lo miró fijamente a los ojos.

— Siempre pongo en práctica todos tus consejos. ¿Acaso crees que me he olvidado de ti? Sobre tu cueva edifiqué mi castillo. Tu tesoro es mi tesoro y tú eres la simiente de mi fortaleza. Pero, no es más fuerte el que subyuga a su presa, ni el que maltrata a sus allegados, sino el que enaltece a sus seguidores. Solo entonces, "lo que se pierde en gloria, se lo gana en eternidad". Acaso te has olvidado lo que significaba la primera gema.

"NO ERES EL CENTRO DEL UNIVERSO"

Nadie es fuerte por sí mismo. La fuerza reside en los que nos rodean. Recuérdalo dragón... TU ERES MI FUERZA.

Después de decir estas palabras, el niño dirigió su mirada hacia el bufón.

— ¡Recuérdalo bufón!

"RÍE, Y EL MUNDO REIRÁ CONTIGO... LLORA, Y LLORARAS SOLO".

¡Bufón!... ¡Tú eres mi alegría!

Tú eres una carcajada dentro de un mundo lleno de tristezas. Tú eres el que me alegra las crudas realidades de esta vida. ¡Tu trabajo no es protegerme! Tu trabajo es alegrarme.

El niño volvió su mirada al dragón una vez más.

— Escucha tus propias palabras, Dragón.

"A NADIE LE IMPORTAN TUS SUEÑOS, MÁS QUE A TI MISMO"

Ahora dime... ¿Qué parte de esta ecuación soluciona mi problema? ¿Qué parte de la frase me aleja de la soledad? Piénsalo y contéstame.

En ese momento, el niño miró al dragón de cerca y alzando su mirada, lo golpeó en sus fauces. El dragón sintió un golpe suave, pero antes de que pudiera reaccionar, también sintió los brazos frágiles del niño abrazándolo fuertemente. Los ojos del niño despedían lágrimas que caían como diminutas llamas de fuego.

— ¿Aún no lo comprendes Dragón?

Tú y Yo somos uno. El castillo, el Bufón y todos mis sirvientes somos uno. "A nadie le importan más nuestros sueños que a nosotros mismos".

El dragón finalmente cerró sus fauces y agachó la cabeza mientras el niño lo abrazaba fuertemente.

Capítulo 21 —El Paseo del dragón V

Apareció el psicólogo desde las sombras. Había sido testigo de todo lo ocurrido, pero nunca en ningún momento torció un dedo para evitarlo.

El bufón lo miró sin emitir ningún sonido; cualquier cosa que dijere ya no tendría sentido pues el caballero había muerto y los problemas del rey aún seguían sin resolverse.

— ¡Mi rey! —dijo el psicólogo con voz suave pero firme.

"Las personas no se alejan, ellas simplemente siguen su camino".

El sol siempre saldrá por las mañanas, así estemos despiertos o dormidos. ¿Quién le puede decir a la luna que esconda su rostro, sin que ella misma lo decida? De igual manera, ¿Quién podrá mandar sobre el corazón de una mujer sin que ella así lo permita? LA NIÑA NO SE ALEJÓ DE USTED, ELLA SIMPLEMENTE SIGUIÓ SU CAMINO. De la misma manera, llegó un momento en que usted ya no la pudo seguir más.

En este cuento no hay buenos ni malos. Solo hay un niño y una niña que cruzaron sus caminos y cuyos futuros aún no han sido escritos. El camino que ella escogió, no depende de usted. Pero nosotros si dependemos de usted. El camino que usted escoja, si dependerá de usted.

"MIENTRAS SIGA CAMBIANDO SU MUNDO, EL MUNDO CAMBIARÁ PARA USTED". Mientras usted esté caído, todos estaremos caídos, porque al final del día mi rey... todos somos uno.

Entonces el psicólogo cayó de rodillas ante el rey y se permitió el llanto.

— El caballero ha muerto —sentenció el psicólogo con lágrimas en los ojos.

Después de las palabras del psicólogo, nadie se atrevió a agregar un solo sonido. Todas las antorchas se apagaron y hubo un largo silencio. Por un instante todo parecía como paralizarse en el tiempo. El niño dejó de irradiar luz y emanar calor hasta enfriarse por completo.

...

Entonces..., de ninguna parte, el bufón emitió un sonido de algarabía.

— ¡AAAHHHH JA JA JA!

Si el horizonte te parece negro... ¡HUMOR NEGRO!

¿Para qué arreglar la tristeza, si nuestros futuros aún no han sido escritos? Dejad a la tristeza triste y que se vaya por donde vino.

¡Mi rey!

¡El futuro nos espera!

¡¿CUÁL ES SU MANDATO?!

El niño miró al suelo como esperando algún acontecimiento mayor, pero nada pasó. Después, miró al cielo como si esperara alguna señal divina, pero el cielo no la dio. Entonces miró al bufón, quien mantenía una mirada siniestra en su rostro y Finalmente supo que hacer.

Se paró erguido y lo apuntó con su dedo para dar su primera orden.

— Grita —dijo el niño con un hilo de voz.

— ¡AAAHHH! —grito el bufón, maximizando su sonrisa.

— Grita otra vez —dijo el niño más fuerte

— ¡AAAHHH! ¡AAAHHH!

El niño desvió su mano hacia el dragón y lo apuntó.

— Dragón, súbeme a tus lomos que vamos a dar un paseo.

Sin hacer ninguna pregunta, el dragón permitió que el niño lo montara.

— ¡Chef!, ¡Cantinero!, ¡Jardinero! ¡Músico! —empezó a llamar a sus súbditos uno a uno— ¡Masajista!, ¡Pintor!, ¡Poeta!

— ¡Presente!, ¡Presente!, ¡Presente! decían los súbditos conforme estos salían de las sombras.

— ¡Prepárense! Este castillo está apagado... hay mucho por hacer.

—***—

El caballero había muerto y ya no existía ningún truco psicológico ni filosofía de vida que lo pudiera volver a la vida. Su utilidad en el palacio había llegado a su fin. El niño había destruido todos los escudos que lo cubrían y al final, el castillo ya no necesitaba de caballeros que lo protejan pues ahora tenía un dragón. Tampoco le hacía falta una cueva para cuidar sus tesoros ya que estos estaban repartidos por todo el palacio, en cada puerta y en cada muro mostrando sus inscripciones. Ya nunca más el rey escondería partes de su ser a nadie; para bien o para mal.

Lo que antes había sido un castillo tierno y hermoso, apto para todo el mundo, se había convertido en una fortaleza impenetrable. De ahora en adelante, quien quiera ingresar por la puerta principal tendría que descifrar su acertijo:

"LA VERDAD DUELE. LA VERDAD TE HARÁ LIBRE.

AMAR DUELE. EL AMOR TE HARÁ ETERNO."

De un día para otro, el castillo ya no era apto para niños o niñas. De un día para otro, el Rey también había dejado de ser niño.

Capítulo 22 —La inscripción en la puerta

A la mañana siguiente el sol salió de este a oeste como todos los días, pero el ambiente no era el mismo.

Esa misma mañana la niña pasó por la fortaleza y vio su gigantesca puerta principal con su acertijo inscrito.

"LA VERDAD DUELE. LA VERDAD TE HARÁ LIBRE

AMAR DUELE. EL AMOR TE HARÁ ETERNO".

Recordó que aquellas palabras eran las mismas que había encontrado en la puerta que resguarda la cueva del dragón. También recordó la vez que entro a la cueva y fue quemada por las llamas del dragón. Después de ese suceso se sintió tan amenazada que casi abandona el castillo por segunda vez. En fin, si lograba comprender el significado de la inscripción, las llamas del dragón ya no la quemarían y entonces sería capaz de tomar cualquier gema del tesoro sin ningún miedo.

Producto de su curiosidad, por primera vez, la niña se puso a pensar seriamente en la inscripción.

Por detrás de la puerta, se le acercó una silueta conocida. Era el bufón, que la observaba con cara de enojo.

— ¿A qué has venido niña? —preguntó el bufón.

— Tengo curiosidad por la inscripción de la puerta. — contestó.

— ¿No has venido a ver al niño?

— No. Solo tengo curiosidad por la inscripción de la puerta.

— ¿El significado de la puerta no puede ser descifrado por personas orgullosas y egoístas?

— ¿Por qué me hablas así? No merezco que me hables así.

— Tampoco mereces que te hable. En realidad, yo no debería hablarte. Tú tomaste tu propia decisión y ahora tu aprendizaje no es mi responsabilidad.

— ¿En qué momento mí aprendizaje fue tú responsabilidad? —dijo enojada.

— Definitivamente, no mereces ser la reina de esta fortaleza. Me lavo las manos y las hago libres de toda culpa. Tengo la tranquilidad que mientras no entiendas lo que significa esa inscripción, jamás entrarás por esta puerta. Mientras no quebrantes tu alma, jamás lo entenderás.

El bufón sonrió elegantemente y desapareció de entre las sombras, dejando a la niña sola ante una enorme puerta sellada.

"LA VERDAD DUELE. LA VERDAD TE HARÁ LIBRE.

AMAR DUELE. EL AMOR TE HARÁ ETERNO".

CUARTA PARTE

"El amor es sufrido, es benigno; el amor no tiene envidia, el amor no es jactancioso, no se envanece; no hace nada indebido, no busca lo suyo, no se irrita, no guarda rencor; no se goza de la injusticia, más se goza de la verdad. Todo lo sufre, todo lo cree, todo lo espera, todo lo soporta.

— 1 Corintios 13:4-7.

Capítulo 23 —Incondicionalidad

Estando en su casa, la niña veía pasar las horas lentamente. De un día para otro, su calendario se había despejado casi por completo. Lo que antes eran horas de juego con el niño, se habían convertido en horas de trabajo u ocio. De cualquier manera, su mente no podía mantenerse ocupada para siempre. El niño ya no formaba parte de su vida pero; ella pensaba en él cada vez que corría el viento; pensaba en él cada que le faltaba un abrazo; pensaba en él cuando terminaba el día y la vencía el cansancio; cuando llegaba la hora del almuerzo y sobraba en la mesa un espacio. Le hacía falta escuchar sus poemas. Comer alguna fruta picada. Poder reír.

— Las cosas tienen que ser así —se repetía una y otra vez— Pero, ¿Acaso así tienen que ser? Yo amo al niño. Quiero lo mejor para él. Quiero que él cumpla todas sus metas y que algún día también tenga el hijo que siempre quiso. Se supone que, si lo amo, también debería tener la fortaleza para dejarlo ir. No quiero ser un obstáculo, eso no sería justo. Lo mejor será que lo deje ir.

La niña cerró los ojos y guardó silencio. Su decisión era noble y tenía mucho sentido. Lo malo era, que esta misma decisión la estaba destrozando por dentro. La única solución que le quedaba era tratar de acallar su mente.

Estando un poco más pasiva se acostó en la cama y fijó su mirada en el techo para tratar de dormir, más sin embargo, su mente no estaba dispuesta a callar.

— Los seres humanos no son entes lógicos después de todo —pensó la niña—. Un día somos reinas y otro día solo somos invitados en el castillo de alguien más. Pensamos en el futuro como si éste fuera a ser un paraíso y muchas veces nos olvidamos de la realidad que nos rodea. Esquivamos situaciones que nos puedan causar tristeza, pero nos olvidamos de amar y empezamos a sufrir… y después sufrimos cuando nos alejamos de esas mismas situaciones que nos causaron dolor en primer lugar.

Si las personas fueran guiadas más por su corazón, nadie se quejaría de estar solo…, aunque el estar acompañado les cause más dolor que la soledad misma. Por desgracia, los seres humanos también somos entes lógicos. Entonces aprendemos a "amar hasta que duele" y cuando finalmente duele, dejamos de amar y terminamos por alejarnos.

…

Del niño puedo recordar tantas cosas… —suspiró— Recuerdo la primera vez que encontré al niño atrapado en su armadura. Ahora sé que la armadura se oxidó por falta de amor y exceso de soledad. Se oxidó por todo el tiempo transcurrido hasta convertirse en piedra. Lo que el niño nunca supo, es que en ese momento yo también me sentía muy triste y sola. Poco antes de encontrar la armadura, el príncipe Ayer había tomado la decisión de seguir su propio camino. Lo cierto es que... él se imaginó un futuro próspero y decidió irse a tierras lejanas en busca de un sueño. Supongo que yo no era parte de ese sueño. Quizás, él era de esas personas que "solo aman hasta que duele" y cuando finalmente le "dolió", dejo de amar y se fue.

Saber que uno mismo no forma parte del futuro del ser amado es muy doloroso... pero... ¿Acaso esto no es lo mismo que le hice al niño la primera vez que abandoné su castillo? Lo excluí de mi futuro, juzgando solo su presente. ¿Acaso no lo amé... solo hasta que dolió?

No es fácil amar para siempre. Tampoco es fácil que lo amen a uno para siempre. Nuestro presente, nuestros defectos y nuestro futuro.

Recuerdo bien la primera vez que deje al niño. Su castillo había perdido brillo y ya me aburrían los mismos juegos. Quizás en ese momento yo también me imaginé un futuro próspero con sirvientes y lujosos caballos. Mi pensamiento entonces consistía en escoger al rey... "perfecto". Necesitaba de tantas cosas que el niño aún no era en ese momento que no supe amar su presente, ni tampoco su futuro.

Tiempo después, cuando el castillo perdió su brillo y sus cuartos empezaron a aburrirme, decidí que lo mejor era "cortar por lo sano" y dejar que el niño siga su propio camino. Pero, acaso eso no fue exactamente lo que me hizo el príncipe Ayer a mí.

La niña guardó silencio por un segundo. La misma soledad la había llevado a descubrir una verdad muy dolorosa.

— El niño nunca dejo de amarme —pensó en voz alta— Es más, cuando yo volví a su lado aquella vez, él me recibió con los brazos abiertos a pesar de todo el daño que le había causado. Supongo que él no amó mi presente en ese momento, pero... ahora estoy segura que él amaba mi futuro. Eso hacía que su amor por mi fuera inquebrantable, o como dice él... "INCONDICIONAL"

La niña guardó silencio por un momento, mientras terminaba de procesar sus pensamientos.

— Si solo lo amé hasta que dolió, entonces ¿Por qué volví?

Pero antes de poder evitarlo, sintió como si su corazón le grito la respuesta.

"Volviste por el hombre que decidió amarte a pesar de tus defectos. Volviste por los detalles. Volviste por el vino y las flores de papel. Volviste por un refugio fuera de la realidad. Volviste por la mirada cálida del ser amado. Volviste... porque dolía muchísimo más... No Volver."

Su corazón había hablado y para entonces sus ojos desbordaban en lágrimas hasta ya no poderse contener.

Capítulo 24 —Confianza.

A la mañana siguiente, la niña estaba cansada. Era como si su aflicción la hubiera perseguido toda la noche. Al abrir sus ojos, lo primero que logró ver, fue un techo blanco. Trató de no apartar los ojos de ese techo porque no quería pensar en nada. Estiró sus manos hasta alcanzar el borde de la cama pero, inevitablemente, recordó que estaba completamente sola. Sola con todo lo que ella representaba. La reina de mil colores estaba sola. El techo blanco que la observaba empezó a llenarse con imágenes y memorias del niño. Recordó todos los abrazos inesperados, besos furtivos y por un instante sonrió, pero inmediatamente reaccionó. Ella estaba sola y el niño no volvería. Inmediatamente sintió un vacío en el pecho. Era como si ya no hubiera nada donde anteriormente existía un mar de ilusiones. Trató de pensar lo menos posible, así que decidió resguardarse en sus tareas diarias.

Los rayos del sol iluminaban toda la habitación. Abrió la sabana, se sentó y se puso a pensar en todas las cosas que tenía que hacer, pero de nada le sirvió. El niño seguía presente en su mente.

— ¿Habré hecho lo adecuado? —se preguntaba la niña.

Caminó hacia la ventana. Miró la entrada de su casa y no vio a nadie. El rey no estaba esperándola ni mucho menos sus sirvientes. Tampoco existían mensajeros de otros reinos. Parecía mentira que hasta ayer había vivido en un castillo hermoso.

— ¿Qué nos pasó? —Se preguntaba— ¿Acaso esta no es otra de esas peleas tontas donde lo único que tengo que hacer es esperar la hora que el rey vuelva?

Hizo silencio mientras veía el horizonte, como si esperara que un sirviente viniera a lo lejos, pero este no apareció. Cerró los ojos por un momento y recordó la última vez que vio sirvientes agolpados en su puerta. Esa fue la segunda vez que dejó al rey.

— El tiempo pasa rápido— susurró la joven— tantas cosas pueden cambiar de un momento a otro. Primero las personas aman, después las personas dejan de amar. El tiempo pasa pronto. El tiempo nos llega rápido. Pero… ¿Cuál sería mi futuro con el rey? ¿Cuál es ése futuro del cual se enamoró el rey? ¿Qué realidad ha visto en mí que yo aún no logro ver? Mi futuro no tiene muchas emociones. ¿Qué vio él en mí que yo no he visto?

Nuestra relación se había venido desmoronando por mucho tiempo; sus secretos, mis desplantes, nuestras constantes peleas. Nuestro futuro no era algo sublime como para que alguien deje su tranquilidad por una relación incierta. Recuerdo que él era muy tosco al principio y nada romántico. Usualmente yo me enojaba mucho. Cuando estábamos juntos, nos lastimábamos todo el tiempo... aunque no lo quisiéramos. Nuestras personalidades simplemente no encajaban. Incluso el caballero se desgastaba mucho al vigilarnos, porque el rey y yo no podíamos jugar tranquilos por mucho tiempo sin que nos causemos heridas graves.

¿Cuál sería mi futuro sin el rey? No sé. La verdad es que mi futuro ya está dado por todo lo que ya soy. Tengo una casa. Tengo sirvientas que llenan mis arcas y me preparan la comida. Mis ahorros crecen día a día. No tengo más preocupaciones que las que yo mismo decido tener. Mi futuro está asegurado. ¿Por qué lo cambiaría por algo tan frágil? ¿Qué relación puede funcionar sin una base sentimental segura?

Cuando le decía lo que pensaba, yo solo quería lo mejor para él, pero el rey lo tomaba como una crítica destructiva, —recordó enojada—. Entonces, cuando no soportó mi crítica constructiva, término organizando un baile para cambiar de reina. No podría estar con alguien así... y fue entonces cuando lo dejé.

Por un momento permaneció enojada, pero después volvió a mirar por la ventana y se imaginó de nuevo a los mensajeros reales en su puerta. Frunció el ceño y se puso a pensar en todos los eventos que sucedieron en el baile.

— Quizás yo tampoco confié en él —finalmente sentenció—. Él nunca dejó de amarme... yo lo sé... pero sin embargo, yo sí pensé en dejarlo.

Cerró los ojos por un instante y después de abrirlos observó el horizonte una vez más.

— ¿Qué vio él en mi futuro que lo hizo enamorarse? —la joven se alejó de la ventana y se miró al espejo detenidamente. Unos segundos después se tocó el vientre, cerró los ojos por un instante y pensó en voz alta—. Un bebé demanda muchísimas cosas: tiempo, dinero, paciencia... sacrificio. ¿Cuánto tendría que sacrificar de mi vida por un bebé? —una vez más sintió una voz de dentro que le respondía su pregunta.

— *"Todo tu tiempo"*. —dijo la voz— *"Pero el tiempo pasa rápido"*.

Miró al espejo, pero esta vez lo que se imaginó le dibujó una sonrisa tierna en su rostro. El rey la abraza por detrás mientras ella sostenía un bebé en sus brazos. Se vio feliz como ninguna otra reina.

— El tiempo pasa rápido —se dijo a sí misma, mientras miraba el espejo detenidamente.

La joven, cerró los ojos para disfrutar más aquel pensamiento. Después de unos segundos los volvió a abrir. Frente a sus ojos, vio al rey y se vio a sí misma, un poco más adultos, con una niña como de diez años que los abrazaba.

— ¿Qué es lo que estoy pensando? —dijo en voz alta mientras negaba con la cabeza y cerraba los ojos.

Tener un bebé y formar una familia no era algo que ella habría planeado nunca. Quiso limpiar su cabeza de todo pensamiento, pero no fue lo suficientemente rápida y su mente le jugó una mala pasada. La siguiente imagen que vio en el espejo era de ella misma; sola, vieja, sin el rey y sintiendo que sus días se le acortaban. Del susto, cerró los ojos y sintió una palpitación.

Luego, abrió los ojos despacio y se miró al espejo con sigilo; se vio bella, hermosa, joven y radiante como era. Después de calmarse un poco, pudo escuchar una voz dentro de su corazón que le decía.

"El tiempo pasa y pasa pronto. El amor no muere, el amor solo se transforma. El niño sabía muy bien que la relación como pareja no funcionaba, pero él no dejó de amarte. El ideó un plan para que tú lo valores y la relación mejore. Él amó tu futuro, porque él tiene confianza en que tú puedes cambiar para bien. Él tuvo fe en ti, fe de que llegarías a ser la mujer que él siempre soñó tener".

La niña hizo silencio por un minuto y después de recordar un poco, pudo entender la pregunta que el rey le había hecho durante su última pelea.

"*¿Quieres amarme?*"

La verdadera pregunta era:

"*¿Confías que el tiempo nos cambiará para bien y nos brindará felicidad por el resto de nuestros días? ¿Confías en que puedo aprender a amarte sin lastimarte y que también tú puedes aprender a amarme sin lastimarme? ¿Confías en mí? si quieres amarme, yo me encargaré de hacerte feliz.*"

La joven se sentó en la cama y se abrazó a sí misma.

— No confié en el rey cuando preparo el baile real, ni tampoco confié en él cuándo me pidió que lo ame… no confié.

Capítulo 25 —Interdependencia.

Por la tarde, la niña decidió darle un cambio a su vida. Muchas cosas la habían hecho sentir muy triste pero esa tarde se vio con la necesidad de no pensar más. Se soltó el pelo, se bañó con agua caliente y trato de liberarse de todo lo pasado. Pensó que lo mejor era cambiar de entorno.

Después de bañarse, saco todo sus maquillajes y los extendió sobre la cama.

— Mi reina, —dijo la cosmetóloga— despúes que yo termine de maquillarla, se sentirá como la mujer más bella del mundo

Todas las sirvientas aparecieron.

— Sus finanzas están al día—dijo la Contadora.

— Para este mes también tendremos dos cumpleaños y una salida con sus amigas más cercanas —dijo una de ellas— deberíamos salir todas con usted, el día está hermoso.

La sesión de belleza dio inicio y al poco tiempo la joven se veía hermosísima. Cualquier rey le habría abierto las puertas de su reino sin pensarlo dos veces. La niña se sentía muy linda, a decir verdad, se sentía como toda una reina… como toda una mujer. Se vio al espejo una vez más y se vio muy hermosa. Se sintió muy feliz.

Tras la insistencia de sus ayudantes, respiró hondo, juntó valor y salió a enfrentar al mundo.

— ¡Aquí vamos!

La reina empezó a caminar por la vereda con mucho entusiasmo.

— "Buenos días mi reina" —dijo uno de los transeúntes que ya la conocía.

Dos muchachos que venían al otro lado de la vereda, casi se detuvieron al verla. La niña sabía que estaba siendo observada, así que les sonrió. Sus mejillas se enrojecieron y su rostro irradiaba ternura. Los dos chicos que la veían casi tropiezan con un poste. Parte de su alma se llenó de alegría.

Dos cuadras más abajo, vivía una buena amiga. Su casa, representaba un lugar seguro, así que tocó la puerta con mucha confianza y entró.

— ¡Hola! ¿Cómo estás? te vez preciosa. —dijo su amiga.

— Gracias —contestó.

— Pasa adelante..., tenemos muchísimo que conversar.

Se sentaron a charlar y se contaron muchas anécdotas. Pasaron las horas una tras otra y con cada hora que pasaba, la reina se sentía mucho mejor. Finalmente, terminó el día y callo la noche.

De camino a casa, no faltaron uno o dos chicos que observaron con mucho interés. La reina se sentía alagada, pero no se detuvo en ningún momento. Una vez en su cuarto, se vio al espejo una vez más. Por un instante, sonrió por todo lo que le había pasado ese día pero, de pronto le llegó una tristeza que no pudo controlar. Aún con maquillaje en el rostro, sus ojos despedían lágrimas, como si un dique mental se rompiera por un diluvio de sentimientos encontrados. La joven lloraba incontrolablemente sin siquiera poder descifrar el motivo de su llanto.

Se vio al espejo y miró su rostro. Todo su maquillaje se había corrido por sobre sus mejillas. Respiró hondo y trató de retomar la calma. Cerró los ojos para llenar sus pulmones una vez más, pero justo cuando creyó sentir el silencio de su paz interior, una frase irrumpió su mente:

"El amor no muere, el amor se transforma".

Esta frase destruyó todo su silencio y la poca calma que había alcanzado. Una vez más sus lágrimas brotaron incontrolablemente. Su respiración se volvió errática y ya no lo pudo controlar.

— ¡¿Qué me has hecho?! —ahogó un gemido de tristeza.

La joven abrió los ojos y vio su rostro en el espejo. Levantó sus manos y trató de limpiarse el maquillaje en sus mejillas.

— Hoy ha sido un gran día. —se dijo a sí misma, tratando de recuperar el ritmo de su respiración— He salido, he conversado y hasta he llamado la atención de algunos chicos... debería estar feliz.

Pero, entonces recordó la cara de enamorado que tenía el rey cuando la miraba y por tercera vez, sus lágrimas salieron solas.

— ¿Qué has hecho conmigo, rey?

Te has metido dentro de mi alma.

Te has fundido con mis huesos y ahora formas parte de mí.

Me hacen falta tus abrazos, tus caricias, tus detalles, tus tristezas y tus alegrías.

Tu vida en sí misma. Me hace falta tu esencia, tu perfume y tú aroma.

Parte de mi vive por ser libre, pero parte de mi muere por no tenerte.

¿Qué caso tiene ser libre si no estás?

Ya no quiero ser libre...

Esa noche la joven finalmente pudo conciliar el sueño. Había llorado mucho, pero su mente finalmente parecía estar en orden.

Capítulo 26 —La reina de mil colores.

A la mañana siguiente, la joven abrió sus ojos y sintió que de pronto el mundo tenía un poco más de sentido.

— Yo soy parte del rey y no puedo vivir sin él. —se dijo a sí misma y luego sonrió.

Yo soy parte del rey y el rey tampoco puede vivir sin mí.

Esa mañana la joven se levantó temprano. Aún sentía dolor en su alma, pero ya todo tenía sentido. Se dio un baño y extendió su maquillaje sobre la cama. Tarareo una canción. "♪ *la quiero a morir, la quiero a morir♫"*, cogió sus cosas y se dirigió al castillo del rey.

***

Cuentan los del pueblo, que un día llegó al reino una joven hermosa vestida de blanco.

Cuentan que cuando la joven vio las puertas de la fortaleza, supo exactamente el significado de su leyenda.

"LA VERDAD DUELE. LA VERDAD TE HARÁ LIBRE

— Eso significa que hay que aceptar al mundo tal y como es, pues esto nos libera de ideales imaginarias, ilusiones inventadas y resentimientos. La mentira puede atarnos a una realidad imaginaria, pero la verdad nos abre los ojos para ser libres de situaciones y personas indeseadas. Cuando te sientas atado a una persona por obligación o por compromiso, solo la verdad te hará libre. Libre de huir o libre de amar incondicionalmente. Conocer la verdad de las cosas, por sus virtudes o por sus defectos, nos hace libres de amarlas, odiarlas o de dejarlas ir. En otras palabras, solo la verdad puede devolvernos la libertad de escoger.

Después de haber dicho esto, la primera parte de la inscripción se iluminó de luz. Ya solo faltaba la segunda parte de la inscripción.

AMAR DUELE. EL AMOR TE HARÁ ETERNO".

— mmm…

El amor se compone de tres cosas importantes: Incondicionalidad, Confianza e Interdependencia *(1 corintios 13:4-7)*.

1. **Incondicionalidad** es amar sin esperar amor. Es amar hasta que duele y seguir amando, aunque duela. Como cuando una madre ama a su hijo, sea éste un ladrón o un príncipe. Su madre lo amará incondicionalmente, sin importar sus acciones, sus fracasos o sus méritos. Cuando

amas el futuro de una persona, su presente ya no te puede condicionar.

2. **Confianza** es tener fe en el ser amado. Es entregar tu corazón con la certeza que será bien recibido. Confiar, es saber que el futuro será mejor porque existe tiempo para forjarlo juntos. Confiar radica en conocer al ser amado; sus virtudes, sus defectos y sus limitaciones.

3. **Interdependencia.** Nadie es perfecto. Nadie es completamente autosuficiente. Amar es depender de la otra persona. Amar, es exponer nuestras falencias para que el ser amado tenga cabida en nuestras vidas. Amar es permitir que la pareja use lo mejor de sus virtudes para cubrir nuestros propios defectos y, a su vez, usar lo mejor de nuestras virtudes para cubrir los defectos de la otra persona. Amar es depender y que dependan de uno mismo.

Interdependencia es el acto de conservar nuestra integridad, ya que el ser amado depende de nuestras virtudes, pero también exponer nuestros defectos y regocijarse cuando el ser amado cubra nuestras falencias. Interdependencia es amarse por las virtudes y por los defectos.

Después de estas palabras, las puertas de la fortaleza emitieron un fuerte estruendo y se abrieron por completo.

Capítulo 27 —Colores Base.

— ¡Mi Rey, mi Rey! —Dijo el Psicólogo—la niña ha logrado abrir las puertas de la fortaleza. ¿Cuáles son sus órdenes?

— Déjenla pasar —dijo el Rey.

— Mi Rey. Por favor, medítelo.

Se dice que, para conocer la esencia de una persona, solo hay que ponerla bajo presión. Si exprimimos un limón, obtendremos zumo de limón... no miel. En fin, obtendremos la esencia que no puede ser cambiada. Saber esta verdad nos hace libres de aceptar o condenar al ser idealizado.

No se ama a la pareja por lo que quisiéramos que fuera. Es más, quizás, si la presionamos lo suficiente, la niña logre cambiar, por amor a usted..., pero al verse distinta en su naturaleza, es probable que termine odiándose y odiándolo por añadidura. "críe cuervos y le comerán los ojos". Lo más profundo de su ser es sutil y constante (incambiable). Es simplemente feliz de ser y estar. Su amada podrá adaptarse a usted, pero jamás podrá cambiar su naturaleza.

— Lo realmente difíciles es amar a la niña por lo que es y no por lo que quiero que sea, o pueda llegar a ser. —

Prosiguió el rey— Me es difícil amar su presente, porque yo tengo mis propias expectativas con las que me mido a mí mismo y a los demás. A veces la condeno cuando ella cumple o no con mis estándares y me olvido de amarla por ser única, imperfecta y en constante evolución; quizás evolucionando como alguna vez yo mismo evolucione, pero en un ritmo diferente, en circunstancias diferentes y en otro tiempo. Cuando finalmente logre amarla por lo que es, solo entonces, podré ver lo rápido que se transforma en la versión más hermosa e inspiradora de su ser.

— Suponiendo que usted logre amarla por lo que ella es ahora mismo, en su versión presente. ¿Qué lo hace pensar que ella lo amará a usted, como es ahora?, por su presente y por su esencia incambiable. Piénselo y pregúntese: ¿Cuántas veces la niña lo condenó por su esencia? En su verdad y en su libertad de amar o condenar ¿Cuántas veces ella lo condenó? ¿Qué es diferente ahora?

El rey agachó la mirada y pensó un momento antes de contestar.

— La primera vez que se fue del castillo, el caballero me aseguró que ella volvería… y así fue. Dijo que volvería porque nunca encontraría un castillo como este… y así fue. La segunda vez que abandonó el castillo, el caballero ideó un plan para que ella pueda destruir su orgullo y probar su amor por mí. Ella pasó la prueba. La tercera vez que abandonó el castillo, se fue por miedo al dragón. Fue por miedo a mi realidad. Descubrió una verdad que la hizo libre... y se liberó. Siguió su camino y no amó mi presente. Pero, ella... en contra de todas nuestras predicciones, ha vuelto y ha logrado entender la inscripción de la puerta, logrando abrirla. La joven que vino hoy sabe que hay un dragón en este castillo. Me atrevo a decir que la niña que se fue, nunca volvió.

— Pero mi Rey. Sus heridas aún no han sanado. Es posible que la vea como usted quiere verla y no como ella es en realidad. Es posible que usted confunda amor por necesidad.

Además..., sería muy sencillo que ella vuelva ahora. Ella, primero debe escalar una montaña, cruzar un océano, atravesar un desierto... y esto no lo digo por venganza. Esto lo digo porque ella perdió gran parte de su entorno cuando lo perdió a usted y ahora tiene un desbalance en su autoestima y en las cosas que necesita para ser feliz. En otras palabras, usted creó en ella una necesidad y ahora que usted se fue, ella ha vuelto para cubrir dicha necesidad, pero no significa que viene por usted. Ella solo está confundiendo "necesidad" con "amor". Lo mismo que le puede pasar a usted si la ve ahora. Necesitar a una persona puede crear ilusiones y espejismos. La realidad no es siempre lo que queremos que sea, sino lo que es; nos guste o no nos guste. Ella primero debe escalar una montaña, cruzar un océano, atravesar un desierto... es decir: primero debe recuperar su autonomía. ¿Qué pasará cuando su necesidad termine? Lo que va a pasar es que ella dejará de valorarlo, respetarlo y finalmente volverá a ser la niña imprudente de antes.

— Tienes razón. —respondió— El amor por necesidad es un amor 100% condicional y egoísta. Pero esta joven de la que me hablas, acaba de abrir las puertas de esta fortaleza sin ninguna llave. Es una mujer que al menos ha comprendido el concepto de incondicionalidad desde el fondo de su ser. No espero que mis heridas sanen, pero secas mis cicatrices quiero conocer sus intenciones. Si me acepta será mía, de lo contrario nunca lo fue y habré sido un necio que se creó un espejismo.

Capítulo 28 —La fortaleza.

Cuando la joven entró al castillo, ella sabía muy bien que había dejado todo atrás. Estaba apostando su presente y obsequiando su futuro.

— Cada quien escoge su destino —pensó.

Titubeó un poco y observó por última vez la puerta que dejaba tras de sí. Se detuvo por un segundo, tomó aliento para caminar y una vez más prosiguió. Un nuevo capítulo de su vida estaba a punto de comenzar y sería la última vez que vería el pasado. Caminó con paso firme, alzó la mirada.

A la entrada de la fortaleza se encontraba un joven cuyo cuerpo irradiaba luz y a su izquierda un dragón. Por un instante la joven titubeó pues no esperaba ver al dragón frente a ella, ni mucho menos a un ser luminoso que aún no podía reconocer. Paralizada por la sorpresa, se detuvo y trató de analizar la situación. Estaba segura que éste era el mismo castillo que había dejado días atrás. Observó sus alrededores tratando de encontrar un escenario familiar y después de observar por unos instantes logró ver el jardín donde había jugado tantas veces. Efectivamente, este era el castillo de su rey amado. Pero el castillo había tomado forma de fortaleza.

¡El dragón está suelto!

La joven retrocedió un paso, como si se encontrara en un campo minado, su corazón se aceleró y su respiración empezó a agitarse violentamente. El dragón estaba suelto y la podía atacar en cualquier momento; estaba asustada.

Sin desviar su mirada, logró ver una silueta que salía por detrás del dragón. Al reconocerla, pudo percatarse que era el bufón. Ahora ya nada tenía sentido. Respiró hondo y trato de poner sus pensamientos en orden. Observó al hombre directamente a los ojos y en ese instante pudo entenderlo todo. Ese hombre era su amado rey.

La joven doncella corrió hacia él lo más rápido que le permitían sus piernas hasta lograr abrazarlo con todas sus fuerzas. Ya no le importó ser quemada por las llamas ni mutilada por el dragón.

El bufón sonrió sorprendido. La joven pudo haber sido atacada o quemada en cualquier momento, pero frente a todos sus miedos, había decidido lanzarse al vacío.

— "Ya nada más importa"—, pensó la joven.

El rey permanecía cubierto en llamas, pero el fuego ya no le causaba ningún daño.

— ¿Qué has hecho para que sienta esto por ti? —susurro la joven.

— Recuerdo que la primera vez que te vi cambiaste mi mundo. —dijo el rey.

Hemos crecido... —suspiro—, hemos crecido y hemos dejado atrás los juegos de niños y, hoy por hoy, solo nos queda la realidad. Esa misma realidad de la cual intenté protegernos. Realidad que traté de bloquear con mil escudos y esconder en una cueva oscura.

Pero...

Así como el sol no se puede cubrir con un dedo... la realidad tampoco se puede cubrir con un beso, una fantasía, un poema o una canción de amor.

Si lograste entrar en este castillo, debo asumir que la niña ha muerto. También debo entender que la cruda realidad te trajo muchísimo sufrimiento y éste mismo sufrimiento te trajo de vuelta a mí.

La joven lo abrazo fuertemente, pero sin decir una palabra. En su mente existía un sinfín de emociones y sentimientos encontrados.

El niño se habría dejado llevar por la situación y reconciliado al instante pero,... él ya no era un niño. Él era un hombre, así que calmó su mente por un segundo y analizó sus siguientes palabras.

— Buscar amor en necesidad no es lo mismo que buscar amor en plena abundancia. Cuando te conocí, cambiaste mi mundo y me liberaste de una armadura corroída e indolente. Dentro de mil escudos, encontraste a un niño con profundas heridas, ganas de amar y la necesidad de ser amado. Entonces, cualquier gota de atención era suficiente para saciar mi sed de compañía. De la misma manera, yo te conocí justo después de ser abandonada por el príncipe ayer. Entonces, quizás, tu necesidad de ser amada era más fuerte que tu capacidad de amar.

En esas condiciones habría aceptado todo por un poco de amor. Quizás en ese momento te amaba como eras, o al menos así lo creía. Pero, después de mucho pensar, pude comprender que nunca te amé tal y como eras ya que, a lo largo de nuestra relación, he intentado cambiarte a cada instante y en todo momento.

Siempre creí que si yo podía cambiar primero, entonces tú también cambiarias. Que si queríamos lo suficiente, nos terminaríamos cambiando uno al otro. Que llegaríamos a un punto intermedio. Pero creo que solo he cambiado yo.

Ahora, parte de mi ha muerto y ya no soy la misma persona que abandonaste. Ya no soy el niño que liberaste.

El caballero ha muerto.

La joven hizo una pausa y miró al rey a los ojos. Luego vio a su alrededor; al psicólogo, al bufón, a los sirvientes. Finalmente vio al dragón y la fortaleza.

— No es tan simple, —respondió la joven— las personas evolucionamos y el tiempo lo cambia todo.

Así como las virtudes del ser amado pueden cubrir nuestros defectos, así también los amantes pueden cubrir su necesidad de ser amados, uno con el otro.

Ser amado es una necesidad que puede maximizarse por las circunstancias, pero nuestra capacidad de amar es parte de nuestra esencia, sutil e inamovible. Cuando nos conocimos, los dos necesitábamos estar juntos. Entonces te entregué mi "inocencia" a cambio de amor y protección. ¿Recuerdas? "Para qué quiero inocencia si no tengo con quien compartirla". Mi capacidad de amar nunca disminuyó. Ni la tuya tampoco. Pero, por sobre todo, yo te escogí a ti para llenar mi vacío y tú me escogiste a mí para llenar el tuyo.

— He cambiado —dijo el rey— El caballero ha muerto y ya no puedo protegerte de la realidad, ni del dragón que sobrevuela la fortaleza. Si el dragón te asusta, entonces no puedes permanecer aquí.

— Me quisiste proteger de la realidad y te amé por ello. Pero, entonces empecé a hacerte daño sin querer y fue la consecuencia de esta realidad, la que me alejó de ti. Huí de un castillo que se desmoronaba. Huí de una amenaza de traición durante el anuncio del baile. Huí de la cueva de un dragón. Huí, porque lo nuestro no funcionaba... y no supe amar incondicionalmente, no supe confiar plenamente y no supe entender que, "es en las falencias donde se crean los lazos más fuertes". Ahora que el caballero está muerto y ya no tienes escudos que me protejan de la realidad, tampoco tienes escudos que te alejen de mí, "quiero que me digas todo lo que sientes, sé que tú lo vas a lograr".

No mi rey, tu dragón no me asusta... tu dragón me da seguridad. Seguridad de que me vas a decir lo que sientes aunque me duela.

— Ya no te pretendo cambiar, o esperar que cambies por amor a mí. Sé que no cambiaras. Finalmente, las personas no cambian su esencia.

— Pero después de la pelea igual te amo. Esta persona que quizás no ha cambiado, te ama igual. Quizás no nos gustan las mismas cosas. Quizás yo soy inmadura en ciertos aspectos y tú en otros. Pero esta persona te ama igual.

— Hoy se acabaron los juegos de niños—sentenció el rey—
No porque no podamos jugarlos, sino porque ya no somos
niños.

— Ya no soy una niña. Es cierto..., pero no te olvides que
también soy una mujer.

— Pensé que no querías tener hijos.

— si es contigo... sí.

Todos fijaron sus ojos en la joven con una mezcla de
asombro y duda. El rey la miró fijamente y dijo con un hilo de
voz:

— ¡Nuestra reina ha vuelto! es una mujer llena de defectos,
pero también llena de virtudes..., y todas estas virtudes se
han enamorado de mi... y yo de ella.

QUINTA PARTE

No más juegos de niños.

(Estos son los hechos que ocurrieron el día después que la joven volvió al castillo).

Capítulo 29 —Realidad

La reina había vuelto al castillo como una joven madura. Había descifrado la inscripción de la fortaleza por su propio mérito, pero nada garantizaba que ellos pudieran mantener una relación saludable o duradera. Existían muchas diferencias estructurales entre ellos y el Dragón lo sabía muy bien.

***

Esa tarde el Dragón buscó al niño y lo subió en su espalda, para llevárselo a lo más alto de la fortaleza y hablar con él.

— Te voy a decir algo que no quieres escuchar—dijo el dragón.

Tú sostienes que "todo cambia", pero este es un pensamiento formado desde el punto de vista de una persona humilde y dispuesta a cambiar. Pero, no siempre es así. No todas las personas cambian.

Las personas se forjan a través del dolor. Pero ¿qué cambio puede esperarse de aquellas personas que ya fueron endurecidas por la vida y el tiempo?

No leen porque jamás tienen tiempo y creen que pueden aprender más del diario vivir. No intentan cosas nuevas porque no les gusta salir de su sitio de comodidad. No toman riesgos porque todo lo nuevo les parece una payasada o pérdida de tiempo. Trabajan sin descanso para justificar su temperamento y no se atreven a soñar por sobre sus limitaciones. Mientras trabajan, se sientan en la silla de los jueces para criticar y denigrar a sus subordinados, comparándolos con lo peor y forzándolos a justificarse para mantenerlos sumisos bajo una constante culpa. Son falsos profetas que señalan la paja en el ojo de su hermano, antes de ver la vara en su propio ojo. A todo le encuentran un desperfecto, pues solo ellos se creen perfectos en su propia opinión, aunque no lo digan. Jamás exaltan a nadie por encima de ellos.

¡Recuerda!, "la humildad es como un campo donde la semilla cae y crece".

¡MUCHO CUIDADO!
Las personas altivas y orgullosas no crecen y definitivamente no cambian.

Esa joven que recibiste ayer no va a cambiar nunca. Hoy quebrantó su orgullo y volvió a ti, pero esto NO significa que cambiará. Esto NO significa que puedas volver con ella.

Dios quiera y no llegue el día que ella tenga razón y ustedes se terminen destruyendo por sus diferencias y/o tu tengas razón y tus hijos terminen siendo lo único que evite que se separen.

— Siento que yo soy más —contestó el Rey—. No hace falta coraje, sólo reconocimiento. No es energía lo que hace falta, sino valoración.

— ¿RECONOCIMIENTO?... ¿VALORACIÓN? —gritó el dragón muy molesto— Pero si ese ha sido el problema desde el comienzo, "la falta de reconocimiento y valoración". Tu respuesta solo reafirma mi argumento: "la gente orgullosa no cambia". Estás segado y ya no sabes qué hacer. Te quedaste sin argumentos.

— Usé todas las enseñanzas del caballero para llegar hasta aquí —dijo el rey—, pero estos conocimientos no me son suficientes. ¿Qué debo hacer?

— El caballero cumplió su propósito y te enseño bien, pero, si quieres ser feliz, tendrás que cambiar aún más. Si quieres escoger tu felicidad, tendrás que ser un dragón.

— Haré lo que sea necesario.

— Entonces vendré por ti mañana al amanecer.

El rey estaba consternado. El Dragón le había dicho que, si quería tener una relación pacífica y duradera, tendría que convertirse en Dragón, pero... ¿Qué caso tendría llegar a la meta final, si perdía su esencia en el camino?

Capítulo 30 —La gema del dragón

Al siguiente día el rey se levantó temprano y volvió a la azotea en busca del dragón, que en ese momento sobrevolaba el obscuro cielo. Al ver al rey, este se acercó y comenzó su cátedra diciendo:

— Hoy se acabaron los juegos de niños.

— Lo sé —contestó el rey.

— Un caballero puede ser noble. —dijo el dragón— Te puede enseñar a soportar el mal tiempo y los golpes de la vida. Te puede enseñar el camino más corto y la ruta más rápida. Pero... te has puesto a pensar ¿Por qué los caballeros tienen armadura y los dragones no?

— ... —el rey no contestó.

— Los caballeros fueron hechos para aguantar golpes. Para sacrificarse por los demás: dar la vida por el ser amado, buscar el punto medio, llegar a acuerdos, ser amado por todos... caer bien. El caballero te enseña a ser un buen niño. Es más, él te enseñó bien. Toda su vida, hasta el día de su muerte, él se esmeró para que puedas conservar un corazón puro. Ahora que el caballero se ha ido, te pregunto una vez más. ¿Para qué crees que existimos los dragones?

— …—el rey no supo qué responder.

— ¡YO MATE AL CABALLERO!... ¿Recuerdas?...

¿Por qué crees que lo mate?

En lo profundo de su corazón, el rey quería creer que lo había matado por accidente, pero el mismo dragón le estaba confesando un acto deliberado.

— El caballero vivió su vida y cumplió su propósito… y lo que lograste entender el día de su muerte, es su legado. —dijo el dragón— ¡¿LO RECUERDAS?!

Ya te lo dijo el psicólogo:

"MIENTRAS SIGAS CAMBIANDO TU MUNDO, EL MUNDO CAMBIARÁ CONTIGO".

El Dragón descubrió las escamas en su garganta y le mostro un ópalo negro brillante.

— Aquí existe una gema que el caballero no pudo tocar.

"SI NO TE VALORAS A TI MISMO, NADIE LO HARÁ"

El Rey empezaba a entender la situación, pero la enseñanza del dragón era difícil. Armado de valor, se paró erguido e increpó a la bestia con tono desafiante.

— ¿A qué te refieres dragón? y ¿Por qué me dices esto ahora?

— LOS DRAGONES NO ESTAMOS PARA AGUANTAR A NADIE, NI RESISTIR GOLPES DE NADIE. Los dragones estamos para imponernos, y al que no le guste que se largue. Nadie pasa por encima de nosotros. Los dragones jamás utilizaremos escudos para defender nuestros tesoros. Nosotros escupimos bolas de fuego. ¿Entiendes lo que trato de decirte?

— ... —el rey no pronunció ninguna palabra.

— En este mundo existen personas envidiosas, dispuestas a repartir críticas y frases hirientes con tal de no sentirse como las personas acomplejadas, mediocres e incapaces que son. Si no haces respetar tus intereses, estos terminaran escondidos en una cabaña oscura, dentro de una armadura oxidada o debajo de un castillo, sepultados en una cueva. Cíñete como varón y dime que tengo razón.

El rey se acercó al dragón lentamente, pero con paso firme. Había entendido perfectamente sus palabras y estaba dispuesto a seguirle el ritmo a su enseñanza.

Alzó su mano y la acercó a al ópalo incrustado en la garganta del dragón. Sintió que la gema estaba muy caliente, así que decidió no tocarla aún:

— Entiendo lo que tratas de enseñarme.

Si mi objetivo vuelve a ser el de complacer a la reina, a costa de mi propia esencia, voy a terminar perdiéndome a mí mismo. Si no me valoro, ella jamás lo hará. Si no valoro mi reino, entonces este se terminará convirtiendo en la sombra de alguien más y todo se volverá a destruir.

Entiendo dragón.

Se acabaron los juegos de niños quiere decir:

"Al que tenga amor propio se le amará más y al que no, aun aquellos que lo aman, se alejaran de él".

El rey acercó un dedo hasta tocar el ópalo, pero este aún estaba demasiado caliente.

— Creo que entiendo esta gema con la mente, pero aún no la logro entender en mi corazón—dijo el rey.

Capítulo 31 — El niño y el caballero.

Te voy a contar una historia.

— Un caballero se levanta por la mañana, se pone su armadura y sale a la aventura en busca de gloria. Él dice para sí: "Yo soy feliz cuando las personas que me rodean están felices. Me gusta ver a la gente sonreír." Mientras cabalga, recuerda con alegría su primera victoria. Era apenas un niño, cuando ganó el primer lugar en su clase de caballería. Todos estaban felices por él: sus maestros, sus amigos y sus padres. Ese fue el mejor día de su vida.

Pasó el tiempo y muchas otras batallas vinieron después de aquel día, y por supuesto muchas otras victorias, y con cada victoria, todos sus allegados se alegraban por él. Cada vez que ganaba una batalla, sentía como si su vida cobraba sentido de nuevo.

Por esto y desde entonces, el caballero ahora sale todas las mañanas con la frente en alto, en busca de esa frase que hará feliz a todos, como si la frase existiera.

Una tarde, después de muchos años, el caballero se vio al espejo como un adulto de mediana edad. Para entonces, ya no había quien lo elogie ni se alegre por sus victorias. Sus padres, sus maestros y sus amigos tenían sus propias vidas y sus propios problemas que resolver, así que sus triunfos pasaban desapercibidos. Muchas veces sintió que ya nadie apreciaba sus hazañas.

Una buena tarde, se le acercó un niño que lo vio con ojos maravillados. Admiraba su sabiduría y su fuerza. El niño quería ser como él.

El caballero se sintió apreciado una vez más. Para sus adentros, él niño se había convertido en su tesoro más valioso y en su fuente de apreciación. Desde entonces, dedicó su vida a protegerlo y a contarle sus hazañas más fascinantes a cambio de admiración.

Un fatídico día, llegó una niña para conquistar a su amado niño y éste se fue tras ella pese a todas las advertencias. Al pasar los días sucedió lo inevitable. La niña dejó al niño sin inocencia y con el corazón roto.

Ya sin inocencia, el niño dejó de fascinarse por las historias que le contaba el caballero, así que desde ese día al caballero no le quedó otra opción que enseñarle al niño sobre el arte de pelear. Así, al menos el niño se podría convertir en su compañero de batallas y su vida volvería a tener sentido una vez más.

Cuando el niño creció y se convirtió en un joven caballero, él también empezó a necesita una persona que lo aprecie, así que salió a buscar a esa misma niña que alguna vez lo enamoró. Pensó que, con todas las habilidades que había adquirido y con todos los tesoros que había acumulado, tendría suficiente para deslumbrarla por el resto de sus días. El niño estaba seguro que, si encontraba a una niña con inocencia, ella nunca se iría, ya que pese a los años de entrenamiento, él no había dejado morir al niño que llevaba dentro. Además, ella siempre tendría a alguien con quien jugar. Por donde lo viera, la niña nunca tendría la necesidad de irse. ¿Esta historia te parece familiar?...

— ... es mi historia— contestó el rey con la mirada baja.

— ¿Qué falló en la ecuación de los caballeros? — dijo el dragón.

— ... No lo sé. — contestó el rey.

— ¿Has escuchado esta frase?

"Si me porto bien y hago todo lo correcto, entonces seré amado, tendré lo que quiera en la vida y no tendré problemas".

— Supongo que sí. —contesto— Nuestros padres y nuestros maestros nos las repiten todo el tiempo. La sociedad misma dicta estándares de conducta donde se premia a los que "se portan bien" y se condena a los que "se portan mal". Entonces es lógico pensar que, si uno se porta bien, la sociedad lo premiará.

— Parece lógico, pero no es necesariamente cierto. Piénsalo, "no eres el centro del universo". Portarse "bien" no garantiza que la sociedad te premie, ni que tengas lo que quieres en esta vida, ni que te amen o que obtengas una vida sin problemas.

"Ser bueno", típicamente implica esconder partes de tu personalidad (Errores y emociones), en un intento por ser lo que los demás quieren que seas.

— ¿Entonces tengo que ser malo? - preguntó el rey con el ceño fruncido.

— No tienes que ser malo —contestó el Dragón— El fracaso de los dos caballeros radica en el deseo de ser aprobados y validados por los demás.

El fracaso del primer caballero fue creer que existe la "frase mágica" o "la manera exacta de hacer las cosas", que haría feliz a todos y que los librará de todos sus problemas. Su fracaso fue condicionar su felicidad en función de la felicidad de los demás. Él decía para sí: "Yo soy feliz, sólo, cuando las personas que me rodean son felices".

El fracaso del segundo caballero fue hacer de la niña su centro emocional. Tratar de complacer a la niña para que ella sea feliz todo el tiempo, aún a costa de sus propios intereses.

— Pero, ¿Cómo puedo ser feliz, si las personas que amo no son felices? - preguntó el rey.

— El secreto radica en ser feliz por tus propias victorias, valorar tus propios méritos y adueñarte de tus triunfos, sin que te afecten las críticas de los demás. Cuando seas feliz por tus propias victorias, aquellos que te aman también se alegrarán contigo. Piensa en el Bufón. Su trabajo es alegrarte, lo que no siempre funciona, pero esto no lo afecta. Su trabajo y razón de ser están muy bien enmarcados. El Bufón no busca ser perfecto, ni busca la aprobación de los demás. Por el contrario, él se acepta a sí mismo con defectos y es muy feliz siendo bufón.

— Pero ¿Qué puedo hacer cuando las personas no aprecien mis logros?

— La verdad es que no puedes hacer nada, pero tampoco tienes que dejar que eso te afecte.

— Lo peor que pudiste hacer es descuidar aquellos cuartos que te llenaban el alma de alegría. No hay nada de malo en crear nuevos cuartos para compartir con los demás, lo malo es abandonar tus propios intereses. Aduéñate de tu arte. Mira tú fortaleza y pregúntate cuántos cuartos fueron creados para complacer a otras personas y cuantos cuartos fueron creados para complacerte a ti; y solo a ti. Nunca abandones los cuartos que definen quién eres y que te llenan de felicidad. Nadie tiene la obligación de interesarse por tus cuartos, pero si alguna persona pretende que los abandones, entonces esta persona no te quiere.

No basta con cuidar tu tesoro, es necesario defenderlo.

Capítulo 32 —Tesoros

Al siguiente día el rey se levantó temprano, antes del alba, y volvió a la azotea en busca del dragón, mismo que sobrevolaba el obscuro cielo.

— Hoy se acabaron los juegos de niños —dijo el dragón.

— Lo sé —contestó el rey.

— Quiero que cierres los ojos por un momento y aquietes tu corazón. Trata de respirar lo más despacio que puedas. Siente la brisa de la mañana. Siente el silencio de las almas durmientes a tu alrededor. Respira lentamente y trata de encontrar tu punto de equilibrio. Pon tu mente en blanco.

Siente tu corazón latir… respira… exhala… respira una vez más.

Ahora, abre los ojos y mira el sol nacer. Enfoca tu mente en todo lo que te rodea. La brisa, el sol, el pueblo, las personas, los edificios, las aves, el cielo, todo.

Respira, exhala…

Respira… exhala.

¿Cuál es tu paraíso?

Imagínate en el sitio que quieras, con las personas que quieres, haciendo lo que quieres.

Respira, exhala...

respira... exhala.

¿Qué llena tu corazón de alegría?

Por un momento, no pienses en la reina. Solo piensa en ti. Piensa en ti mismo antes de conocerla y contéstame ¿Qué llena tu corazón de alegría?

— ...
Me fascinan los mundos extraños. Me gusta conocer gente extraordinaria. Me gustan las personas que superan sus limitaciones pese a todas las adversidades. Me gusta ver películas, porque me abren la puerta a otras realidades y otros universos. Me gusta compartir con personas que les fascine intentar cosas nuevas.

— Respira una vez más. Exhala... aquieta tu corazón. Enfría tu mente. Mira el sol nacer. Respira... exhala y acalla tu mente.
... y escucha...

Si lo piensas un poco, los caballeros son personajes un poco tristes. Ellos se levantan por la mañana, se ponen su armadura para protegerse del mundo, se suben a un caballo (los que tienen caballo) y salen a combatir dragones en busca de tesoros y damiselas en peligro. Siempre están buscando la fama y la gloria ante la gente. ¿Hasta cuándo?

— Hasta que ya no pueden más —contestó el rey.

— Enfría tu mente y aquieta tu corazón —dijo el Dragón muy suavemente— Ahora baja la mirada y observa la fortaleza; tu jardín, tu patio, tu parque, tus habitaciones y tus piedras preciosas. Esta fortaleza es producto de tus manos y producto de tu corazón.

Esta fortaleza está llena de personas que darían la vida por ti. Personas que tú mismo creaste y escogiste para estar a su lado. Esta fortaleza eres tú. Esta es tu identidad.

El rey vio los rayos del sol iluminando la fortaleza poco a poco.

— Los dragones no somos como los caballeros. No usamos armaduras ni escudos porque nuestras escamas nos protegen de cualquier cosa. No necesitamos armas porque nuestra voz se convierte en proyectiles de fuego cuando hablamos la verdad con firmeza y convicción. Finalmente, nosotros no andamos buscando damiselas, ni fama ni fortuna ¿Sabes por qué?

— Porque ustedes ya tienen sus propios tesoros —contestó el rey.

— ¡Exacto! Cuida dónde está tu tesoro, porque hay también estará tu corazón, y cuando tu corazón esté lleno de tesoros, ya no necesitarás la aprobación de nadie.

Ese día tus escamas serán tan fuertes que jamás podrán volver a lastimarte.

— Lo dices por la joven. Temes que vuelva a pasar lo mismo que antes. Temes que me critique y que me juzgue.

— No lo temo. Estoy seguro que va a suceder. Ahora solo te estoy preparando para cuando suceda.

— ... — el rey no supo qué decir.

— Mira la fortaleza a tu alrededor. Mírala y graba esa imagen en tu mente. Es importante que nunca olvides esa imagen. Esta fortaleza es grande, fuerte y funciona perfectamente. Cuando alguien venga y te critique, pregúntale si sus logros se comparan a los tuyos. Si sus logros no se comparan, agradece el comentario y cambia de tema.

"EL RESPETO SOLO SE GANA CON RESULTADOS"

Cuando te critiquen, nunca te quedes callado. Los caballeros dicen para sí *"a palabras necias, oídos sordos"*, pero yo te digo que quedarse callado es más peligroso porque *"El que calla otorga"*.

— Pero, esa manera de pensar me va a traer muchas peleas innecesarias.

— Piensa qué pasaría si te quedas callado cuando de critican, especialmente ante los demás. No es necesario pelear. Pero es necesario defender tu posición. Una imagen de fortaleza evita que seas objetivo de tus enemigos y alienta a otros a formar alianzas contigo. Evitaras más peleas defendiendo tu posición, que quedándote callado. Recuerda:

"EL FRACASO TIENE MIL EXCUSAS, EL ÉXITO NO REQUIERE EXPLICACIONES".

— "No se puede tapar el sol con un dedo" — pensó el rey — "hechos y no palabras".

— Observa esta fortaleza una vez más. Estos son tus hechos y resultados. Este es tu éxito que no requiere explicación. Este es tu tesoro. No permitas que nadie lo menosprecie.

Recuerda, cuando tu corazón esté lleno de tesoros no necesitarás la aprobación de nadie.

Después de un largo silencio, el rey tuvo nostalgia por su joven amada que hace menos de un día había vuelto al reino:

— Te apuesto que aun guardas en tu corazón la esperanza de ser uno solo con la joven; en cuerpo, alma y mente— dijo el dragón.

— Bueno... pues sí. Es una ilusión con la cual crecemos, creo.

— Pues déjame estrellarte con la realidad. Esto es imposible. Ella es mujer y tú eres hombre. Son diferentes y jamás podrán pensar igual. Podrán complementarse y tener puntos en común, pero, aunque tengan una misma opinión (resultado), sus puntos de vista (manera de pensar) siempre serán diferente.

No pretendas que ella fusione sus cuartos con los tuyos. Tampoco lo permitas. Es preferible que se dupliquen estos cuartos, de manera que no pierdan valor. Recuerda. Por mucho que se amen, ustedes son personas diferentes e independientes. Valora eso. Valórala y valórate a ti mismo. Jamás la recrimines por no pensar como tú, ni permitas que te recrimine por no pensar como ella.

Capítulo 33 — El elfo y la ogra

— Marca límites en tu personalidad. —continuó el dragón— Al principio, le abriste todas las puertas a la niña, pero eso estuvo muy mal. Con esto no quiero decir que te cierres a tu entorno, como lo hizo el caballero quien experimentó el mundo desde dentro de una armadura. Lo que quiero decir es, que parte de darte valor (parte de valorarte), implica cuidarte a ti mismo y cuidar todo lo que tienes, de aquellas personas que lo quieran agredir. No se echan perlas a los cerdos. De la misma manera, no puedes permitir que personas externas jueguen con tus sentimientos.

Te contaré otra historia:

"Una vez, una elfo se enamoró de una ogra. Luego de salir un par de veces, el elfo quiso mostrarle a la ogra su tesoro más preciado, así que la llevó a un cuarto lleno con cristalería fina. El elfo quería que la ogra despierte un poco de apreciación por la cristalería. Pero, los Ogros son toscos por naturaleza y al final del encuentro toda la cristalería quedó destruida. El elfo quedó muy triste y con muchas cosas que pensar. Al final del día solo tenía dos opciones. 1) Dejar su amor por la cristalería fina y continuar su relación con la ogra, aceptándola como era o

2) abandonar a la ogra porque, al fin de cuentas, la naturaleza de los ogros no cambia".

¿Comprendes la moraleja de este cuento?

— Supongo que sí. Pero...,

¿Qué podía hacer el Elfo? Al fin de cuentas, él estaba enamorado y solo quería compartir su felicidad con la ogra. Su deseo era noble, pero escogió mal.

— Hay algo que el elfo no hizo, que tú también pudiste haber hecho.

— ¿Qué cosa?

— Poner límites.

— ... — el rey guardó silencio.

— Tienes que aceptar que tu personalidad es única. No puedes pretender que otras personas se interesen por tus cosas, ni mucho menos que las valoren como tú las valoras. Lo máximo que puedes aspirar, es que las respeten. Ahora bien..., a las personas se las respeta por sus logros, pero lastimosamente, a las cosas solo se respeta cuando son defendidas y/o representan un peligro. PONER LÍMITES NO EVITA QUE LAS PERSONAS

GOCEN O SE BENEFICIEN DE TUS TESOROS E INTERESES, SÓLO EVITAN QUE LOS USEN MAL O LOS DESTRUYAN.

— Entonces, ¿Cómo pongo límites a mi personalidad? — preguntó el Rey.

— Imagínate la misma historia del elfo. Pero esta vez, el elfo solo lleva a la ogra hasta afuera del cuarto, le muestra la puerta y le dice con un tono firme y fuerte (como es el lenguaje normal de los ogros): "Me gusta la cristalería fina, me esfuerzo mucho por mantenerla segura. No espero que la aprecias como yo, pero quiero que sepas que a mí me importa mucho". Acto seguido, la ogra mira al elfo fijamente. A ella no le interesaba la cristalería fina en lo más mínimo, pero tampoco podía hacer nada al respecto. El elfo entro al cuarto, sacó una pieza de cristal y se la empezó a describir frente ella. La ogra no entendía la mitad de lo que estaba escuchando, pero le fascinaba ver al elfo tan alegre hablando de un tema aparentemente insignificante. Después de todo, el elfo no estaba compartiendo más que su alegría. Déjame decirte que ella nunca entró al cuarto de cristalería (no le interesaba), pero cuando tuvo la oportunidad de defenderlo, lo protegió a muerte, aunque no entendiera lo que estaba dentro.

Si aún los ogros pueden valorar las cosas delicadas, ¿Cuánto más lo seres humanos podrán valorar nuestros intereses?

El primer paso para ser un dragón es defender tu tesoro, así que pon límites.

Capítulo 34 — Fuego interno

— Se acabaron los juegos de niños —dijo el Rey.

— ...—El Dragón mantuvo silencio.

— Ya lo comprendo todo —contestó mientras se levantaba erguido sobre sus pies.

"MIENTRAS SIGA CAMBIANDO MI MUNDO, EL MUNDO CAMBIARA CONMIGO",

"SI NO ME VALORO A MI MISMO, NADIE LO HARÁ",

"PARA PROTEGER MI TESORO, ES NECESARIO PONER LÍMITES",

"AL QUE TENGA AMOR PROPIO SE LE AMARÁ MÁS Y AL QUE NO, AÚN LOS QUE AMA SE ALEJARAN DE ÉL".

y

"EL RESPETO SOLO SE GANA CON RESULTADOS"

El rey se acercó al Dragón y posó su mano sobre el ópalo incandescente, pero este ya no le quemaba.

— Gracias Dragón. Tú eres mi fuerza y mi compañía.

Capítulo 35 — Valoración, tiempo y espacio.

— Las cosas no valen más que el valor que tú les das. — continuó el Dragón— Cada persona tiene sus propios intereses y cada quien valora el mundo de manera diferente. Lo que para unos es importante, para otros es insignificante. Entonces el valor de algo, depende netamente de la percepción del observador.

Cabe recalcar que no estoy hablando del costo de las cosas. Algo puede costar mucho y no valer nada. O lo contrario, no costar nada y valer mucho. Lo que abunda, vale poco. Lo escaso vale mucho, pero sólo donde escasea. Entonces, basándonos en este principio económico, podemos empezar a entender el problema de la valoración en las relaciones de pareja.

Al inicio de una relación, es normal que queramos pasar tiempo juntos, haciendo actividades de mutuo interés. Sin embargo, es probable que estas actividades sólo comprendan una pequeña parte de nuestro universo de intereses. Lo que no es un problema durante el noviazgo, porque los enamorados sólo se ven un par de horas al día.

Algunas parejas piensan que, al casarse, podrán hacerlo todo juntos, pero (en un matrimonio donde ellos se ven todo el tiempo) esto puede terminar muy mal. El problema radica en dar todo de nosotros, en todo momento y en todo lugar porque: "Lo que abunda, vale poco y lo gratis, no cuesta nada", (aunque valga mucho).

— Pero, en una relación formal ¿Cómo puedes evitar esto? —Preguntó el Rey.

— Sencillamente, no lo puedes evitar. —contestó el Dragón— Pero lo importante no es tratar de evitarlo, lo importante es definir con claridad las preferencias de cada uno. Cada quien valora sus propios intereses por sobre los intereses de los demás. Es un error pensar que la pareja valore nuestros intereses tanto como nosotros. Recuerda la difícil posición del elfo.

Ponte la mano en el corazón y pregúntate: ¿Valoras los intereses de tu pareja tanto como ella?, probablemente no. No te sientas mal, es normal. Existirán cosas que ella valore mucho, pero que a ti te parezcan insignificantes; y viceversa. Pero, aunque no las entiendas, debes respetarlas y defenderlas.

— Gracias Dragón —dijo el Rey— Gracias por tus enseñanzas.

— No me las agradezcas… hazlas—dijo el Dragón.

El rey alzó la cabeza y miró al Dragón en señal de agradecimiento, mientras esté alzaba sus alas para levantar vuelo. Cuando el Dragón se fue, el Rey pensó en su siguiente movimiento y al cabo de unos minutos supo qué hacer.

—***—

Esa noche, él se reunió con la joven y le contó la historia del elfo y la ogra. Finalmente, le prometió respetar sus intereses a cambio que ella respete los suyos.

Efectivamente, existían cosas que ella valoraba mucho, pero que a él le parecían una pérdida de tiempo y viceversa. Prometieron darse tiempo y espacio para poder explorar sus propios intereses, por separado, sin sentirse culpables por ello.

Capítulo 36 — La luz que ilumina todo.

A la mañana siguiente, el rey buscó al dragón porque quería contarle la buena nueva. Cuando se encontraron, le detallo todo lo acontecido con la niña. Ya no peleaban. Se daban su espacio y respetaban sus intereses. El cambio había sido de inmediato.

— El primer paso es poner límites y respetar esos límites— contestó el dragón con una sonrisa.

Ahora que eso está resuelto, el segundo paso es maximizar sus propias virtudes de tal manera que tu contraparte sea un espectador en admiración constante.

Esto es lo debes hacer: Valora (revisa y evalúa) cada uno de tus intereses (cuartos) y descarta aquellos que no te agregan valor. Haz que tus hechos hablen bien de ti. Busca dentro de tu ser aquellas virtudes (sirvientes) que puedan servir a los demás y trata de servir a la mayor cantidad de personas posibles.

— Gracias Dragón. Antes de irte, te quería preguntar algo más. ¿Qué puedo hacer cuando surjan conflictos entre la reina y yo?

— Van a existir temas donde no estén de acuerdo. Cuanto más opuestos sean los polos, más habrá diferencias. A veces el único acuerdo posible es estar en desacuerdo. Es normal. Habrá momentos en los que no podrás entenderla, ni ella podrá entenderte. Trata de tener paciencia. Por mucho que discutan, hazle entender que tú la amas por sobre cualquier problema, circunstancia, discusión y/o decisión. Lo importante es apoyarse uno con el otro, pero sin perder el poder.

— ¿A qué te refieres con eso de nunca perder el poder?

— Te explico, si la LIBERTAD es la capacidad de escoger tus acciones, el PODER es la capacidad de realizar dichas acciones, sea por medios propios o a través de otros. Por ejemplo: para explorar tus intereses (cuartos) es necesario tener recursos. Mantener el poder significa mantener el control sobre tus propios recursos (tiempo, dinero y energía emocional).

— ¿Es posible ceder recursos sin perder control sobre ellos?

— Claro que sí, solo debes comunicar tus capacidades abiertamente y poner límites. Solo ten cuidado de no perder el poder sobre tus recursos, porque cuando eso pasa, también pierdes el poder sobre la relación y sobre ti mismo. Entonces, de nada servirá tener poder de decisión (libertad) si no tienes poder de creación (recursos).

Es normal que en una relación existan distintos puntos de vista sobre la solución a un mismo problema; o el uso de un mismo recurso.

— ¿Pero, esto no crearía separación?

— Te pongo un ejemplo: La simbiosis consiste en dos organismos que ceden y comparten recursos para el bien común, lo cual crea interdependencia y un crecimiento constante (una sinergia). En una simbiosis los organismos obtienen solo lo que necesitan para crecer uno al lado del otro.

Por otro lado, una codependencia es como un parásito que invade a otro ser vivo y acapara todos los recursos para su propio crecimiento, sin importar el bienestar del otro. Ahora pon atención a lo que voy a decir. El parásito solo quiere crecer como cualquier ser vivo y no está consciente del daño que le provoca a su compañero. Del otro lado de la relación, está un ser vivo enfermo, entregando todos sus recursos y preguntándose qué está haciendo mal en la relación. Siente que ha dado todo su tiempo, alma, cuerpo y corazón, pero sin obtener la tan anhelada felicidad. Porque simplemente, nunca nada será suficiente.

Si no pones límites, simplemente pierdes el poder sobre tus recursos, lo que hace que pierdas la libertad de crear tus propios cuartos, lo que conlleva una pérdida de identidad, lo que finalmente te lleva a sentir que tu vida depende totalmente de la vida de alguien más (codependencia).

Mi rey, el día que pase eso, usted morirá junto con todos sus súbditos. Si pierde la capacidad de crear, todo se vendrá abajo de nuevo.

— El rey se quedó callado por un rato, tratando de asimilar las palabras del dragón. El caballero casi muere varias veces, pero lo había salvado en repetidas ocasiones. Aún después de su muerte, el caballero lo había salvado. Su última lección de vida había sido: "MIENTRAS SIGAS CAMBIANDO TU MUNDO, EL MUNDO CAMBIARÁ CONTIGO".

PARTE FINAL

Si llegas a la meta final, pero pierdes tu esencia en el camino, ¿Valió la pena?

Solo aquellos que llegaron a la meta pueden contestar esta pregunta. Durante la carrera, habrá quienes se transforme y fortalezcan para bien, pero también habrá otros que se destruyan.

Capítulo 37 —Seres imperfectos

Entró el sol por la mañana y la reina abrió sus ojos. Por un instante se siente llena de paz. Miró al techo y éste se presentó blanco como antes, pero ya no importaba. El tiempo se ha detenido por un día y aquel día era todo suyo para descansar y sentirse bien.

Esa mañana se dispuso a recorrer cada rincón de la fortaleza. Habían pasado dos años desde la primera vez que lo había hecho y pensó que era necesario volver a recorrerlo. Ella leería cada gema e intentaría tocarlas con mucho cuidado. Algunas le quemaban la vista con tan solo verlas, pero otras en cambio no le hacían ningún daño. Ella misma había sufrido mucho antes de descifrar la inscripción de la fortaleza.

— El mundo está lleno de personas... y...

Al fin, las personas son solo seres humanos. Tienen defectos, tienen virtudes y tienen ilusiones. Algunas ilusiones te ayudan a vivir, otras en cambio solo te ayudan a morir lentamente. Ahora que veo la realidad clara, puedo ver otras cosas que antes no veía.

Recuerdo que cuando era más joven, mi anhelo más grande era encontrar a un caballero que se quede conmigo, me proteja, me cuente historias y me haga sentir a salvo. Tiempo después, empecé a buscar a mi príncipe azul, o al menos esperaba que él me encontrase a mí. Yo por mi parte, lo esperaba siempre lista, siempre arreglada y siempre bonita. Entonces muchos príncipes vinieron y se fueron. Conocí muchos castillos. En algún momento incluso pensé que había encontrado a mi príncipe azul, pero solo era una ilusión; era un amor infantil. Quizás era un amor puro e inocente, pero no era amor eterno ni tampoco tenía las bases para serlo... No sabía lo que ahora sé.

Muchos seres humanos viven su vida de manera independiente, a la espera de un ser "perfecto" que se acople a sus vidas imperfectas de manera exacta (sin fricción) y que, sin realizar cambios, ocurra un final feliz, como en los cuentos de hadas. Estas ilusiones son las mismas que al final solo nos provocan soledad.

El mundo está lleno de seres imperfectos, como nosotros, con pasado, con problemas, con traumas y con miedos. Pero, al final todos somos seres humanos en busca de un mejor futuro y nuevas ilusiones a las cuales aferrarse. Muchas doncellas esperan la llegada de un príncipe azul de radiante armadura, pero la realidad es otra. Las personas con verdadero valor, usualmente llegan a nuestras vidas como diamantes en bruto, para así ayudarnos a crecer a través de su dolor y el nuestro. Yo mismo lastimé mi corazón y lo llene de heridas y miedos al tratar de buscar príncipes y caballeros. Pero, después de tantas desilusiones, nunca me habría imaginado que un niño me devolvería la capacidad de soñar. Ni que, en nuestra constante evolución, lograríamos aprender el significado de amar.

En ese momento, el rey apareció frente a ella, enamorado como la primera vez que jugaron juntos. Feliz, como la bebé de seis meses que sostenía en sus brazos. Una verdadera princesa, con rizos en sus cabellos, ojos hermosos y una alegría que no tenia fin.

La reina los observó con alegría infinita y los abrazó con la más grande ternura.

— Me parece un sueño haber llegado hasta aquí — Dijo la reina.

— Si no hubiera creído en ti, —contesto el rey— nunca habríamos llegado tan lejos.

— Si no hubiera creído en ti y en tu capacidad de cumplir todos tus anhelos...

— Si no hubiera estado convencido que vencerías de alguna manera, la verdad es que no te habría seguido hasta aquí.

Si no hubiera creído en ti, jamás me habría parado frente a todos nuestros amigos y dicho: "Esta es la vida que escogí. Ella es aquello que no puedo perder. Enfrentaremos peleas o tropiezos, pero jamás renunciaremos".

— Eso fue lo que acordamos —contestó ella.

Si no hubiera creído en ti desde el principio, jamás me habría enamorado.

¿Cómo no amarte, si a través de tus ojos he podido ver nuevos mundos? —contestó la reina.

— Aquí es donde nuestra vida termina y el universo empieza a tener sentido. —contestó el rey.

FIN

EL SECRETO DE LA FELICIDAD

Toda mi vida, desde muy pequeño he estado obsesionado con la felicidad. Todas mis preguntas se enfocaban en ese tema. Conversaba con mis amigos y les preguntaba ¿Cómo está tu felicidad? No sabían qué contestarme. Salía a la calle, observaba a la gente pasar y me preguntaba: ¿Qué los hace felices? Con el tiempo me di cuenta que, a cada persona lo hacía feliz algo diferente. No solo eso, cada quien experimentaba la felicidad de diferente manera y con diferente duración e intensidad. Diferentes personas pueden vivir un mismo evento, sin embargo, algunas son felices y otras no. Todas trabajan, sin embargo, hay personas que son felices trabajando y otras que no. Entonces, si la felicidad es la reacción ante un acontecimiento, la pregunta "¿Qué te hace feliz?", es una pregunta con miles de respuestas.

Un día escuché que la felicidad era una decisión. Es decir que, si te dan a escoger entre reír o llorar, siempre debes escoger "reír", independientemente de la situación. En otras palabras "El secreto de la felicidad era la autosugestión". Aplique esta frase por varios años, pero era algo muy difícil de lograr (dificilísimo). Cuando pasaban situaciones tristes, tenía que estar alegre a pesar de todo. Demás está decir que, muchas veces terminé quebrantado y llorando amargamente. Ser feliz siempre, implica que debes guardarte tu dolor ante los demás hasta que un día, todo sale de golpe y explota (no es bueno).

Conclusión... no había encontrado el secreto de la felicidad. Lo único que había encontrado, era la fórmula para ser pasivo-agresivo (y otros rasgos psicológicos poco saludables). La respuesta a mi pregunta "¿Qué nos hace felices?" seguía sin respuesta. Así que seguí buscando la felicidad en diferentes partes.

Alguna vez mi abuela me habló del paraíso, como un lugar donde solo existían seres felices y nadie estaba triste, así que decidí buscarlo en varias religiones. Cada vez que ingresaba a una congregación, encontraba gente muy buena. Independientemente de la religión, todas las personas con las que interactué, intentaban ser la mejor versión de sí mismas; para su propio crecimiento; para con Dios y para con los demás. Encontré muchas cosas que me hicieron sentir muy feliz, como, por ejemplo: una familia fuera de casa, un sentido de pertenencia, seguridad, amigos y espiritualidad. Pero, a pesar de haberme sentido feliz, mi pregunta seguía sin respuesta. ¿Cómo se obtiene la felicidad?

Una vez un profesor de humanidades me dijo "Las políticas públicas que van en contra de la naturaleza humana, a la larga tienden a hacer más daño que bien a la sociedad" Las leyes que te llevan al cielo no siempre te garantizan felicidad en la tierra. Todo arrepentimiento conlleva un quebrantamiento y toda bondad acarrea un sacrificio. Cabe recalcar que nunca dejé de buscar a Dios y cumplir sus leyes, pero decidí buscar la respuesta a mi pregunta en el propio ser humano.

Entre tantas cosas que encontré, pude escuchar una conferencia muy interesante (El poder de la intención, por Dr. Dywer), donde aprendí que "no existía el camino a la felicidad, sino que "la felicidad era el camino" Dando a entender que, la felicidad es un sentimiento efímero, producto de una acción o evento y... que el secreto de la felicidad consistía en escoger si dichos eventos nos afectaban o no. De esta manera, estaríamos protegidos contra eventos tristes y tendríamos la capacidad de atraer más eventos alegres a nuestras vidas. Esta conferencia me enseñó técnicas de cómo crear más y mejores momentos de alegría, pero aún no contestaba mi pregunta: ¿Qué nos hacía felices? Dywer dejaba esta última pregunta para que la conteste cada quien. Es una buena conferencia, se las recomiendo.

Para contestar a mí pregunta ¿Qué nos hace felices?, me enfoque en un experimento sencillo: Cuando tenía hambre y comía algo rico, esto me causaba felicidad. Entonces, previo a la felicidad, existe un momento de necesidad, pensé. En corolario, la comida rica no produce felicidad cuando no tenemos hambre. Entonces ¿Qué produce felicidad? Respuesta: satisfacer una necesidad. ¿Qué te hace feliz en este momento? Bueno, eso depende de qué necesites en este momento. En fin: "La felicidad llega cuando satisfacemos una necesidad. La tristeza llega cuando no podemos satisfacer cierta necesidad o perdemos algo". Si crees que no necesitas nada, pero aún te sientes triste, es porque aún no sabes lo que necesitas.

El psicólogo Abraham Maslow, describe las necesidades del ser humano de manera muy sencilla en la "Pirámide de necesidades de Maslow". Se las describo en la siguiente imagen.

Autorrealización — Alcanzar en éxito. Llegar a la meta final. Ser el mejor de tu clase.

Reconocimiento — Respeto, confianza, valoración

Afiliación — Amistad, afecto, intimidad sexual

Seguridad — Seguridad física, de empleo, de recursos, moral, familiar de salud, de propiedad privada.

Fisiológica — Aire, comida, agua, ejercicio, descanso, sexo

El ser humano es un ente sociable y estas son sus necesidades. Satisfacer dichas necesidades lo hace feliz. El secreto de la felicidad radica en la rapidez con que satisfacemos dichas necesidades conforme van surgiendo, durante el lapso de nuestras vidas.

Algunas personas, cuando no pueden satisfacer una necesidad, usan un premio de consolación o placebo (o droga) para sentir que su necesidad fue cubierta. De aquí surgen las dependencias psicológicas, fisiológicas y las adicciones. Hay que considerar que si la acción no cubre una necesidad (física o mental), tampoco se puede convertir en una adicción o dependencia.

Dado que es casi imposible satisfacer estas necesidades todo el tiempo, existen técnicas para lidiar con la imposibilidad de no poder satisfacer ciertas necesidades. Para ver más técnicas de cómo manejar estas imposibilidades, puedes revisar "Mind OS" de Dr. Paul Dobransky o "El poder de la intención" de Dr. Dywer.

Como habrás notado, casi todas las necesidades de la pirámide, requieren de otras personas en pequeña o gran medida. Aunque seamos parte de una comunidad, es muy difícil que una persona tenga la capacidad de satisfacer todas sus necesidades sin una pareja. Tomaría demasiado trabajo y siempre habría huecos sin llenar. Algunas personas me debatirán este punto, y en algún momento de su soledad incluso llegarán a creer que ciertas necesidades no pueden ser satisfechas, lo cual no es cierto. Lo que me lleva al siguiente punto.

Cada persona tiene una capacidad diferente para satisfacer sus necesidades. Algunos pueden tener virtudes que satisfagan su necesidad de afiliación (amistad, afecto, intimidad sexual) pero carecen de virtudes que satisfagan sus necesidades fisiológicas (aire, comida, agua, ejercicio, descanso, sexo). Por otro lado, una persona exitosa en lo laborar y académico (autorrealización) puede tener incapacidad social (afiliación). La imposibilidad del ser humano de satisfacer sus necesidades rápidamente por sí mismo, los lleva a vivir en comunidad tarde o temprano.

La pirámide de una persona, de acuerdo a su capacidad para satisfacer necesidades se ve algo así:

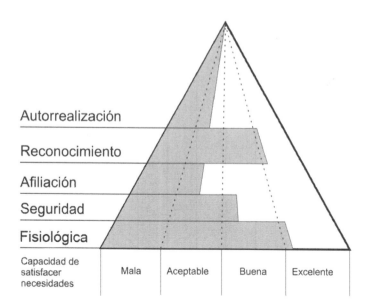

Entonces el secreto de la felicidad permanente, radica en incrementar nuestra capacidad de satisfacer nuestras necesidades, lo que se logra a través de la afiliación. Afiliarse con personas, cuyas virtudes cubran nuestros defectos y viceversa. Cuando busques una pareja, trata de pasar por situaciones que revelen sus defectos y virtudes. A través de estas situaciones, podrás ver su capacidad para satisfacer sus propias necesidades, además de las tuyas. Es por esto que, "Los polos opuestos no solo se atraen, se complementan". Solo ten en cuenta que, si no hay "química", no hay relación, ya que no podrás satisfacer una de las necesidades fisiológicas más básicas.

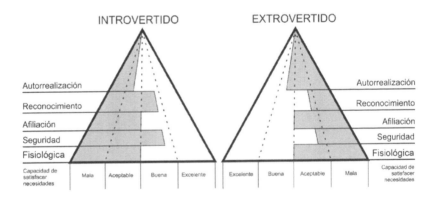

Si has encontrado una comunidad que te ayude a satisfacer tus necesidades, déjame decirte que estás en el camino a la felicidad. Si, además, tu pareja de vida te respeta por tus virtudes y cubre tus defectos, has encontrado el secreto a la felicidad.

Por último, solo me queda dejarte una advertencia. Cuando los polos son demasiado opuestos, se pueden crear codependencias. Cuando una persona casi no tiene capacidad de satisfacer algún nivel de sus necesidades, está condenada a no tener poder de discernimiento ante una persona cuya virtud satisfaga dicha necesidad muy fácilmente. Hecho que, no es necesariamente malo, si la contraparte es una persona de buen corazón. Por otro lado, si la contraparte es una persona abusiva, la tristeza es garantizada. También ten cuidado con las personas que te dan a entender que no te necesitan, aunque te necesiten. Estas personas simplemente no te valorarán nunca.

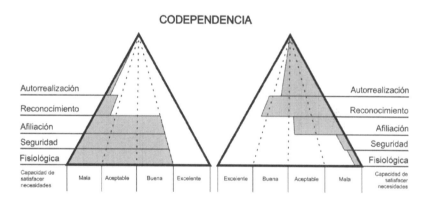

CODEPENDENCIA

Para evitar caer en relaciones tóxicas, lo primero que debes hacer es presentar a la pareja ante tus amigos más cercanos. Jamás escojas a tu pareja de vida en tu propia opinión. El cerebro ve felicidad en la satisfacción de una necesidad (te alegras al ver a tu pareja). De ahí surge el dicho "el amor es ciego". En cambio, tus amigos que no necesitan nada de tu pareja, podrán ver sus defectos y virtudes con mayor claridad. Ellos sabrán decirte si su corazón es bueno o malo. Ellos sabrán decirte si hay sinergia o codependencia; si la relación es tóxica o no. Finalmente, nunca te alejes de tus amigos y familiares. Tu felicidad depende de ellos también.

El RIESGO DE CONFIAR

En este libro, he topado el tema de "confianza" muy brevemente así que considero pertinente ampliar dicho tema. Les prometo que este capítulo les hará la vida más fácil al momento de poner límites.

De seguro han escuchado el dicho: "No se debe juzgar al libro por su portada". Bueno, esto es verdad pero, es una verdad incompleta. Conforme se avanza en la vida, nos percatamos que casi no existen las verdades absolutas y que todo es cierto, en un porcentaje.

Por ejemplo, si seguimos la Ley de Pareto (o regla 80/20), entonces quiere decir que uno "No debería juzgar al libro por su portada" solo 20 de cada 100 veces.

Entonces, cuando las verdades no son 100% verdaderas, sino 80%, o 60%, o 20%. ¿Cómo podemos saber qué porcentaje de verdad usar? ¿Cuándo utilizarlo? y ¿con cuanta confiabilidad?

En economía, se trabaja mucho con este tipo de análisis para predecir movimientos de mercado. Les prometo que después de dos gráficos, todo tendrá sentido.

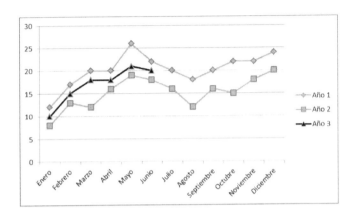

Ésta gráfica presenta ventas anuales casi por tres años. Como se puede apreciar, las ventas empiezan bajas en enero y aumentan e mayo, para caer en agosto y volver a subir en diciembre. Este comportamiento parecido a lo largo de cada año se lo llama "tendencia".

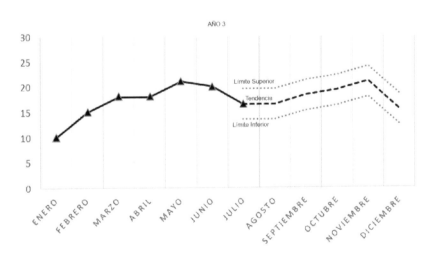

Si computamos los datos reales que ya tenemos, es posible proyectar la "tendencia" por los meses restantes que no tenemos. Por sobre la tendencia proyectada, también podemos proyectar los "límites de confiabilidad". Estos "límites de confianza" nos dan la certeza de cuanto puede variar la proyección según la "tendencia". Aquí termina el análisis económico.

Volviendo a la vida diaria, podemos decir lo siguiente:

"LA CONFIANZA ES LA CERTEZA QUE TENEMOS DE QUE ALGO PASE".

Por lo tanto, decir que "confiamos en una persona", quiere decir que "tenemos la certeza que dicha persona no nos va traicionar; dentro de los límites de confiabilidad que le hemos impuesto y en base al comportamiento que nos ha demostrado a lo largo de la relación". En conclusión:

"LA CONFIANZA SE BASA EN EL CONOCIMIENTO".

A nivel personal

Entender nuestras "tendencias" nos ayuda a delimitar nuestro propio comportamiento. ¿Alguna vez has dicho? "El día que me enoje de verdad, van a ver de que soy capaz". Si quieres saber de lo que eres capaz, basta con ver tus reacciones históricas a situaciones de estrés y, quizás, subirle un poquito más el tono (pero no demasiado). Si en el peor de tus enojos, quizá le alzaste un poco la voz a alguien, muy probablemente no sacarías un cuchillo para asesinarlo. Por otro lado, si frecuentas darte de golpes con las personas, la historia podría ser diferente. En fin, nuestro comportamiento histórico define nuestro comportamiento futuro, en la mayoría de los casos.

De la misma manera, podemos confiar en nuestras habilidades, solo en la medida que éstas nos han funcionado a lo largo del tiempo. Por ejemplo, si te gusta correr, puedes inscribirte con confianza en una carrera corta de cinco kilómetros, pero quizás no estés tan seguro si se te da la oportunidad de participar en una maratón de cuarenta quilómetros.

"EL ÉXITO SE ALIMENTA DE ÉXITO".

"LA EXPERIENCIA NO SE IMPROVISA".

A nivel de percepción externa

También hay que tomar en cuenta lo siguiente. Existen personas (inusuales) o situaciones (extraordinarias) que pueden influenciar nuestro comportamiento (tendencia) y modificar nuestras capacidades (límites), para bien o para mal. De ahí el dicho: "Dime con quién andas y te diré quién eres". Este dicho no se basa en la realidad sino más bien en la percepción de observador externo (que no conocen nuestras tendencias pero, nos juzga por asociación).

Has escuchado el dicho: "Como te ven, te tratan". Este también se basa en la percepción del observador. Si ves a una persona desarreglada en su manera de vestir y despreocupada en manera de expresarse, es probable que no la contrates para que organice tu agenda o algún trabajo académico que requiera atención al detalle. Muy probablemente (90% de confiabilidad) dicha persona tratará su trabajo igual o peor que se trata a sí misma.

A nivel de amistades

Un "amigo" (ladrón) puede venir un día a rogarte que le prestes dinero y jurarte que ésta vez sí te lo va a pagar pero, si históricamente te ha defraudado, las probabilidades que te page son muy bajas. Lo más probable es que te esté engañando y/o se esté engañando a sí mismo (al creer que podrá pagarte).

Así como "no se le echan perlas a los cerdos", tampoco se le presta dinero a un zapatero para que haga tortas. En tal sentido, "al libro SÍ se lo juzga por su portada" (al menos el 90% de las veces).

"SI ERES FIEL EN LO POCO, TE PONDRÉ A CARGO DE MUCHO. SI NO ERES FIEL EN LO POCO, AUN LO QUE TIENES SERÁ TOMADO DE TI."

En otras palabras:

"LA CONFIANZA SE GANA POCO A POCO".

A nivel de pareja

Es muy importante conocer a la pareja en sus mejores y sus peores momentos. Solo así podremos conocer sus límites. Si, luego de conocerlos, estamos dispuestos a soportarlos, entonces no debe haber remordimientos.

"GUERRA AVISADA NO MATA GENTE".

Tal vez, cuando tu pareja se ha enojado contigo, ha sido capaz de alzarte la voz, pero jamás te alzaría la mano. Tal vez, no sea capaz de alzarte la mano, pero si te dejaría de hablar por unos días. O quizás, en el peor de los casos, es capaz de: insultarte, pegarte y meter a toda la familia en el pleito. Estas son cosas que deberás observar por ti mismo. Si sientes que puedes lidiar con sus peores reacciones y dichas reacciones están dentro tus límites de tolerabilidad, solo entonces, puedes empezar a confiar. Se requiere mucha madures para confiar.

CONFÍAS EN TU PAREJA CUANTO TIENES LA CERTEZA QUE NO TE VA A ENGAÑAR.

Por eso es importante poner límites desde el principio. De pronto para ti abrazar a una amiga en público es toreable, pero para ella no. Estos límites hay que definirlos juntos, antes que ocurran malos entendidos.

LA TRAMPA HORMONAL

Este capítulo solo aplica para miembros heterosexuales de la misma especie.

La naturaleza de la hembra

Al observar la naturaleza, podemos aprender realidades crudas, pero interesantes, por ejemplo:

La hembra de pez salmón nadan kilómetros rio arriba para desovar, de tal manera que sólo los machos más fuertes puedan alcanzarlas y fertilizar sus huevos. Luego de esto, las hembras mueren.

En las manadas de leones, los machos se pelear por los territorios de caza. Cuando el león gana la supremacía sobre los demás machos de la manada, también gana el derecho de aparease con las hembras.

En contraparte, las hembras solo se aparean con el macho alfa porque él puede protegerlas de otros machos y asegurar la supervivencia de sus crías. Adicionalmente, al aparearse con el macho más fuerte, se aseguran que sus crías hereden esta genética superior.

Antes de continuar, quiero recalcar que "fuerza" se refiere a la capacidad de supervivencia y no a la masa muscular. El espécimen más "fuerte" en un grupo, puede ser el que tenga más habilidad, más recursos, más inteligencia, más relaciones de poder, etc.

Con esta aclaración puedo decir que:

• Las hembras buscan machos fuertes que puedan garantizar hijos igual de fuertes.

• Las hembras buscan machos que puedan proveer de alimento a sus crías (primer nivel de pirámide de Maslow).

• Las hembras buscan machos que puedan proteger a sus crías (segundo nivel de pirámide de Maslow).

Esto está escrito en el ADN de toda hembra. La naturaleza ha escrito estas leyes para asegurar la preservación de la especie. Y, mientras más hembra se considere una mujer, más "fuerte" quiere sea su macho.

Si, como "macho de tu especie" no puedes demostrar que eres "fuerte" en comparación con otros "machos de tu especie". Terminaras en la zona del amigo.

Si como "macho de tu especie" no puedes demostrar que tienes la capacidad de proveer y proteger a tu posible descendencia. Terminaras en la zona del amigo.

La "selección natural" o "ley del más fuerte", descrita por Charles Darwin, está escrita en nuestro ADN y la tinta se llama "hormonas".

Es por eso que una mujer puede catalogarte como potencial novio o amigo, con solo 30 segundos de hablar contigo (a veces menos).

Las mismas "hormonas" que obligan a las mujeres a defender a sus hijos hasta la última de las consecuencias (aún a costa de sus vidas), son las mismas hormonas que la obligan a ubicarte en la zona del amigo.

La naturaleza del macho.

Al observar la naturaleza, podemos aprender realidades interesantes, por ejemplo:

Algunas aves macho, como el pavo real o el curiquingue, han desarrollado rasgos vistosos para atraer al sexo opuesto. Otras aves crean nidos grandes para atraer a las hembras. Otros animales terrestres delimitan y defiendes terrenos de caza ante otros machos de su especie. Monos, leones, jabalíes, cabras, osos, etc., pelean por el derecho de aparearse.

La naturaleza también le jugó una mala pasada al macho. Le escribió en su ADN, que su obligación era traspasar su genética a la siguiente generación y a la mayor cantidad de hembras posible, aún a costa de su vida. Un poeta diría: "El amor mueve montañas".

Entonces, los machos de bajo rango que no puedan demostrar fortaleza ante otros machos, tiene pocas posibilidades de procrear y se verán obligados a utilizar toda clase de engaños y tretas para traspasar sus genes.

Finalmente, si el macho de bajo rango no puede mentir, porque su doctrina/creencia, etc., no se lo permiten, él está condenado trabajar para mejorar su posición o quedarse solo (por mucho tiempo) hasta encontrar una hembra en necesidad (probablemente con hijos de otra relación previa).

La naturaleza hormonal.

Las hormonas se disparan en la pubertad, pero su producción disminuye alrededor de los 40 años. Durante este tiempo, el deseo/interés/necesidad de copular frecuentemente, se reduce, pero…

"EL AMOR NO MUERE, SOLO SE TRANSFORMA".

Al reducirse nuestra necesidad fisiológica, incremente nuestra necesidad de seguridad y afiliación.

***

Ahora si me despido de los lectores. De antemano muchas gracias por escucharme. Espero que este libro los ayude a darle más sentido a su diario vivir y puedan encontrar la felicidad plena, en sus propios términos.

INFLUENCIA BIBLIOGRAFÍA

El principito .... Antoine de Saint-Exupéry
El caballero de la armadura oxidada ....Robert Fisher.
Como hacer amigos e influir sobre las personas........Dale Carnegie.
El poder de la intención ....Dr. Dwyer
No More Mr. Nice Guy....................................Robert A. Glover
Mind OS ....Paul Dobransky
Family Psychology: The Art of the Science ....
(Oxford Series in Clinical Psychology).

Printed in Great Britain
by Amazon